NOUVEAU SYSTÊME,

SUR LA CAUSE

DE

L'ÉVACUATION PÉRIODIQUE

DU SEXE.

Lettre à l'Auteur du Journal de Médecine, suivie d'une Réponse à des Objections faites contre ce système, par laquelle il devient encore plus solidement établi, & l'Hypothèse oposée radicalement détruite.

Par M. LE CAT,

Ecuyer, Docteur en Médecine, Chirurgien en Chef de l'Hôtel-Dieu de Rouen, Lithotomiste-Pensionnaire de la même ville, Professeur - Démonstrateur Royal en Anatomie & Chirurgie, Correspondant de l'Académie Royale des Sciences de Paris, Doyen des Associés régnicoles de celle de Chirurgie, Membre des Académies Royales de Londres, Madrid, Porto, Berlin, Lion & des Académies Impériales des curieux de la nature & de Saint Petersbourg, de l'Institut de Bologne, & Secrétaire perpétuel de l'Académie des Sciences de Rouen.

A AMSTERDAM.

M. DCC. LXV.

Omne adeò genus in terris, hominumque, ferarumque,
Et genus aquorum, pecudes, pictæque volueres,
In furias ignemque ruunt. Amor omnibus idem.

Virgil. Georgic. liv. 3. verf. 242.

Tous les genres d'animaux, hommes, bêtes féroces, poiſſons, troupeaux, oiſeaux ſont en proye, à une flamme qui les met en fureur. Les effets de l'Amour ſont les mêmes en tous.

PRÉFACE.

L E titre seul de mon *Livre* annon-
ce deux choses, un *Nouveau Syftême de la Cause du Flux menftruel & fa défense.* Le *Syfiême a*
déja paru dans le *Journal de Médecine,*
mois d'*Avril* 1764, avec quelques fautes
d'impreffions affez groffiéres, à la vérité, mais
qui n'étoient pas en affez grand nombre pour
empêcher les gens de l'art de m'entendre ; ils
m'euffent encore mieux entendu, fans doute,
fi j'euffe donné plus d'étendue à fon expofition,
& que j'euffe mis plus de détail dans l'article
premier qui contient la réfutation de l'hypothèfe la plus généralement reçue ; mais il eft
aifé de voir que ma *Lettre* à M. *Roux* ne

contient qu'un plan d'ouvrage , plan proportionné au tems que nous avons dans les
Ecoles pour traiter tous les sujets sur lesquels nous instruisons ; plan qui suffisoit
aussi au dessein que j'avois , en publiant ce
systême , & qui en vérité suffira toujours à
qui voudra le lire avec l'envie de l'entendre ,
& non pas avec celle d'y trouver à redire.

On verra , dans le préambule de la Lettre qui le renferme , qu'un des motifs de cette
publication étoit de profiter des avis & des
critiques des gens de l'art. Des avis pro-
prement pris , je n'en ai guére reçu ; mais
pour des critiques , j'ai été servi au-delà de
mes desirs , dans le même ouvrage périodique du mois d'Octobre suivant. Quand je
dis , au-delà de mes desirs , on croira que je
plaisante ; pour peu qu'on critique un ouvrage , dira-t'on, on va toujours trop loin au gré
de l'Auteur qui ne voudroit entendre que ses
louanges. Je conviens de bonne foi que les
éloges sont plus flatteurs que les critiques
les plus emmiellées : cependant j'en excepte
absolument les éloges non mérités , outrés ,
les éloges grossiers , mal-à-droits , qui non-

feulement font infipides, mais en quelque forte honteux & infultans ; & je foutiens qu'un homme qui penfe, eft beaucoup plus flatté d'une vraie & bonne critique, que de femblables adulations. On voit bien que j'entends, par une vraie critique, celle qui confifte en un jugement fain, détaillé, motivé, qui diftingue dans un ouvrage, le bon, le médiocre, le défectueux ; qui, en apréciant les deux premiers, rend juftice à l'Auteur & l'encourage; & qui fur le troifiéme, lui montre fes erreurs, fes défauts, le redreffe & l'éclaire, mais en frere, en mortel, fujet aux mêmes fautes que lui, & par-là le met en état de mieux faire par la fuite. Je puis donc affurer mes Lecteurs, que la critique contre laquelle j'ai eu à défendre mon Syftême, n'auroit pas été au-delà de mes defirs, fi elle avoit été calquée fur ce modèle ; je n'y aurois répondu que par des aveux & des remercimens. Telle qu'eft celle à laquelle j'ai eu affaire: il en a réfulté un bien, puifque ma réponfe contient des éclairciffemens fur mon Syftême & une réfutation beaucoup plus complette de l'hypothèfe de la Pléthore, qu'on

*veut donner pour cauſe du flux Menſtruel ;
mais tout ce bien-là n'auroit-il pas découlé
plus abondamment & plus agréablement
d'une ſource plus pure que celle de la cenſure
amére de mon Adverſaire ?*

*Je ſoupçonne que le Lecteur me fera
deux queſtions que je crois devoir prévenir :
votre Syſtême n'étoit-il pas aſſez public ,
dira-t'il, étant inſéré dans le Journal de Médecine ? Et les objections , qu'on lui a opoſées ,
ayant été données à l'Auteur de cet Ouvrage
périodique , pourquoi ne pas répondre par la
même voie ?*

*Quoique le Journal de Médecine ſoit très-
répandu , combien de Sçavans , de Phyſi-
ciens , de Phyſiologiſtes , de Médecins même & de Chirurgiens ne le voyent point ?
Grand nombre de curieux dans les deux
Sexes , & de curieux que le phénomène en
queſtion intéreſſe , ne connoiſſent point du
tout cet Ouvrage périodique ? C'eſt pour
ceux-ci que j'ai fait tirer à part un certain
nombre d'exemplaires de ma Lettre inſérée
dans ce Journal , & c'eſt pour eux ſur tout
que je fais cette nouvelle Edition particu-*

liére. *La Défense de mon Systême est un second motif qui m'y a déterminé : je pouvois me contenter de la confier encore à M. Roux, mais sa publicité auroit eu dans la brochure de cet Auteur les mêmes limites étroites observées ci-dessus, & les mêmes raisons demandoient pour elle une Edition à part. Indépendamment de ce motif, ma Réponse dans le Journal devenoit séparée par plusieurs volumes du texte qu'elle concerne, & peut-être que sa longueur l'auroit fait séparer elle-même en deux volumes ; or cette interruption fait perdre le fil des idées & une partie du mérite de l'Ouvrage. Enfin M. Roux est un homme de mérite, sans doute, un homme raisonnable, équitable ; mais c'est un Médecin, & mon Adversaire en est un autre : le premier a eu la complaisance de laisser dire au second tout ce qu'il a voulu du Chirurgien de Rouen ; croyez-vous qu'il eût permis à celui-ci de prendre sa revanche ? Point du tout. J'en ai les preuves sous mes yeux. Il étoit donc nécessaire que je publiasse dans cette Brochure, & mon Systême & la Réfutation de sa Critique. Je souhaite fort que*

l'un & l'autre soient du goût de mes Lecteurs,
puisqu'après le desir de contribuer aux pro-
grès du plus utile de tous les arts, je n'en ai
pas de plus grand que celui de leur plaire.

F I N.

NOUVEAU

SYSTÈME

SUR

LA CAUSE DE L'ÉVACUATION

Périodique du Sexe.

Lettre à M. R o u x, *Auteur du Journal
de Médecine.*

MONSIEUR,

Quoique les plus grands hommes ayent
traité la Physiologie, la Pathologie & la

A

Thérapeutique, & femblent avoir moiffon-
né tous les lauriers qu'on pouvoit y cueil-
lir, cependant ce champ eft fi vafte, qu'il
me paroît offrir encore à *glaner* à ceux mêmes qui n'ont pas, à beaucoup près, leur
génie & leurs lumiéres. C'eft le cas où je
me trouve, Monfieur. Depuis plus de 30
ans que j'exerce & que je profeffe toutes
ces parties de l'art de guérir, je crois avoir
mis çà & là dans mes Cours, des chofes
neuves, & d'autres que j'ai améliorées.
Si j'euffe pris la précaution de les confier
aux Ouvrages périodiques, à mefure que
je les ai produites, il en auroit vraifem-
blablement réfulté plufieurs avantages :
je n'en aurois pas perdu la plus grande
partie dans l'incendie de mon cabinet, du
26 Décembre 1762; un public plus étendu que celui qui affifte à mes leçons, en
auroit peut-être profité ; ou, ce qui eft
plus certain, j'aurois profité moi‑même
des avis, & des critiques des gens de l'art;
enfin j'aurois ôté aux plagiaires tout efpoir
de s'en dire les auteurs; & j'aurois des da-
tes plus authentiques de priorité contre

ceux qui, courant la même carriére, ont pu avoir les mêmes idées que moi.

Ce que je devois faire depuis 30 ans, Monſieur, j'ai réſolu de commencer à l'éxécuter aujourd'hui : il eſt bien tard, me direz-vous ; mais ne vaut-il pas mieux tard que jamais ? Vos Journaux, Monſieur, ſont les archives deſtinées à ces dépôts. Agréez donc que je vous adreſſe ces morceaux, à meſure que le tems me permettra de les recouvrer ou de les rétablir ; de les joindre enfin à ce qui n'eſt pas perdu, & de donner aux uns & aux autres une forme propre à paroître dans vos feuilles (*a*).

Le nouveau Syſtéme ſur les régles des femmes eſt une de mes premiéres productions : il date des années 1729, 30, 31, où j'ai compoſé les Cours que je projettois de faire, & que j'ai fait depuis mon établiſſement à Rouen. Une trentaine de ré-

____

(a) *La complaiſance avec laquelle le Journaliſte a permis qu'on attaquât ſans aucun ménagement cette premiére Piéce, m'a ôté l'envie de lui confier les autres.*

vifions , occafionnées par autant de cours annuels , y a bien introduit quelques chan-gemens , quelques additions ; mais le fond eft le même.

ARTICLE I.

Expofition & réfutation du Syftéme le plus généralement adopté.

JE me garderai bien de parcourir les opinions diverfes qu'on a eu fur la caufe de l'évacuation périodique du fexe ; je me reftrains à celle qui eft actuellement le plus en vogue.

Les modernes , d'après Gallien , attri-buent les régles des femmes à la pléthore , c'eft-à-dire à la furabondance des hu-meurs qu'ils croient être naturelle à ce fexe.

Voici leurs raifons.

1°. Les femmes ayant les folides plus mous que les hommes , doivent moins tranfpirer : or Sanctorius a fait voir qu'un homme accumuloit deux livres de fluide , tous les mois, par le défaut de la tranf-piration journaliére. Que fera-ce donc chez les femmes? 2o. Les vaiſſeaux de la matrice, par leur délicateſſe, leur figure entortillée, & par la ſituation baſſe de cette partie, ſont plus diſpoſés à céder au poids du ſang, & à le laiſſer échaper. C'eſt, diſent-ils, cette ſituation qui fait que la femelle du ſinge a auſſi des régles. 3o. On ajoute que l'utérus eſt plus ſpongieux, plus mou qu'aucun autre viſcére ; que les veines y ſont plus petites que les artéres, & ſans valvules, & qu'elles y ſont, par conſéquent, obſtacle au retour du ſang vers le cœur.

Voici mes preuves contre ce Syſtéme.

1o. L'enfance eſt l'âge où les ſolides ſont le plus mous ; & c'eſt auſſi celui où l'on tranſpire le moins, comme il paroît par l'embonpoint des enfans. Dans la vieilleſſe, la tranſpiration languit encore ; ce qui eſt évident par toutes les eſpéces d'excrémens ſenſibles, que rendent les vieillards. Les mois devroient donc, ſelon le Syſtéme reçu, couler plutôt dans ces deux âges, que dans aucun autre , & cependant ces âges en ſont privés. 2°. La jeuneſſe eſt l'âge où la nature fait le plus de dépenſe pour l'accroiſſement ; & l'on remarque que cet accroiſſement eſt ſur-tout plus conſidérable dans le tems où les mois commencent à paroître ; c'eſt alors que la nature ſe dévelope davantage, & fait plus de frais que jamais. L'état d'adulte eſt à ſon tour celui où la tranſpiration eſt plus vigoureuſe & plus abondante : donc, dans ces deux âges, il y a moins de pléthore qu'en aucun autre : donc ces deux âges devroient être éxempts de régles plus qu'aucun autre ; cependant ce ſont-là ceux où cette évacuation ſe montre, & où elle eſt plus abondante. 3°. Les tempéramens froids, humides, cacochimes ; ceux qui vivent dans les pays froids, tranſpirent moins, & devroient avoir des régles plus abondantes ; au contraire, ils ne les ont que fort tard, rarement, & en petite quantité. 4°. Les tempéramens chauds, vifs, laſcifs, ceux qui vivent dans les régions chaudes, tranſpirent plus que les autres,

& devroient avoir moins de régles ; ce font juftement ceux qui les ont exceffivement & beaucoup plutôt. 5°. La faignée, les purgatifs, les diurétiques, les diaphorétiques, les éxercices ôtent la pléthore, & devroient par conféquent fupprimer les régles : cependant, tout le contraire arrive. 6o. Le froid, la peur, la trifteffe, &c. arrêtent la tranfpiration, augmentent la pléthore, & devroient provoquer des régles copieufes ; & au contraire toutes ces chofes les fuppriment. 7o. La joie, les plaifirs augmentent la tranfpiration, diminuent par conféquent la pléthore, & devroient fupprimer ou diminuer les régles ; au contraire ils les rétabliffent & les rendent plus abondantes. 8°. Les femmes maigres ne font telles, que parce qu'elles diffipent exceffivement ; elles font bien éloignées de la pléthore ; elles ne devroient donc point avoir de régles, & ce font ordinairement celles qui en ont le plus. 9o. Il y a un grand nombre de femmes, dont les folides font bien plus vigoureux que ceux de certains hommes ; ces

A R T. I.
Réfutation du Syftême reçu.

femmes ne devroient donc pas avoir de régles , & communément ce font les plus vigoureufes qui en ont de plus abondantes ; les femmes foibles , languiffantes n'en ont prefque point. 10°. Si c'étoit le poids du fang fur les vaiffeaux de la matrice , qui déterminât ce flux par cet endroit , ces femmes qui font long-tems ou toujours couchées , n'auroient jamais de régles ; les chiennes , en qui l'on ne trouve pas cette fituation verticale , ordinaire aux femmes , ne les auroient pas non plus en certains tems , comme elles les ont. 11°. Quelle erreur encore de croire que l'utérus foit le plus fpongieux & le plus mou des vifcéres ! C'eft au contraire un des plus fermes & des plus compactes : on le prendroit pour une glande , une groffe proftate , dans les filles fur-tout. Peut-on mettre fa confiftance en parallèle avec celle de la rate , du poumon, du cerveau ? Les veines y font plus petites que les artéres , & fans valvules. On prend ici l'effet pour la caufe ; c'eft la phlogofe menftruelle qui, ayant fon fiége dans le genre artériel , &

qui

qui le dilatant fréquemment, rend le genre vénal relativement moins ample : ce même séjour du sang dans les artéres, son évacuation directe par ces canaux, font autant de circonstances qui privent les veines de ce fluide, & qui doivent en diminuer le calibre, qui est par-tout proportionné à la liqueur qui doit y passer. Elles n'ont point de valvules ; celles des poumons n'en ont pas non plus, & ces derniers viscéres ne font pas le siége des régles : les valvules manquent dans tous les viscéres exposés à des dilatations & à des contractions alternatives qui effacent ces valvules : tels font les poumons, la substance du cœur, l'utérus, &c. 12°. Comment s'imaginer encore que ce foit le défaut d'écoulement de quelques cuillerées de fang, qui donne tous les fymptômes de la fupreffion des mois ? La pratique nous convainc qu'on en tire plufieurs livres du bras & du pied, fans enlever ces accidens ; ce qui ne feroit pas, s'il n'étoit question que de fupléer à une évacuation auffi petite que celle des mois ; & com-

ART. I.
Réfutation
du Syftême
reçu.

B

━━━━━━━ment une pléthore auſſi légere donneroit-elle des ſuffocations, des vomiſſemens, des fiévres, des pâles-couleurs, des langueurs, tandis que nous voyons des perſonnes de tout ſexe, pléthoriques à l'excès, & à qui le ſang ſort, pour ainſi dire, par les yeux, jouir d'une ſanté, d'une vigueur, d'un coloris enchantés ? N'eſt-il pas même contradictoire que la pléthore du ſang donne des pâles-couleurs, des langueurs, &c. Et chez qui la ſupreſſion des régles fait-elle tous ces ravages ? chez des filles & des femmes de 18 ans, de 25 ans, de l'âge enfin le plus vigoureux, tandis que ces évacuations ſe ſupriment impunément à 50 ans, âge caduc, en comparaiſon des précédens.

Toutes ces difficultés s'évanouiſſent, tous ces phénomènes s'expliquent d'eux-mêmes dans notre Syſtéme, que je vais avoir l'honneur de vous expoſer.

ARTICLE II.

Exposition de notre Systême ; son aplica-
tion à tous les phénomènes de l'évacua-
tion périodique du Sexe.

DEux circonstances, Monsieur , ca-
ractérisent un Systême heureux ; l'é-
vidence de son principe , son aplication
juste à tous les effets.

Commençons par établir les principes
de notre hypothèse.

Dans toutes les opérations de la génération, qui sont le plus à portée d'être
observées , on remarque qu'elles ont pour
premier principe moteur ou occasionnel ,
un certain dégré de fermentation putride ;
cela est incontestable dans les Observations journaliéres de la formation des in-
sectes microscopiques ; cela n'est pas moins
constant dans les fameuses expériences
de la formation du poulet. Quel goût
affreux n'a point un œuf couvé !

La nature est uniforme , Monsieur , dans

ART. II.
Expofition
du Syftême
de l'Auteur.

toutes fes œuvres : un certain dégré de fermentation putride eft auffi le principe préparatoire occafionnel de la génération de
l'homme.

Les régles des femmes font, de l'aveu
général, la difpofition préparatoire, néceffaire à la génération ; c'eft donc dans ces
régles, ou dans leur caufe, qu'il faut trouver ce premier dégré de fermentation putride ; & vous l'avez, Monfieur, dans la
phlogofe voluptueufe, que j'établis pour
caufe de cette évacuation périodique.

Dévelopons nos principes fur ce fujet.

Les paffions font, en morale, des four-
ces intariffables de maux & de fort peu
de bien ; leurs effets phyfiques dans l'é-
conomie animale, ou à leur fource,
font à peu près les mêmes. Certaines
paffions modérées font beaucoup de bien;
mais une illiade de maux eft la fuite de
la colére, du chagrin, de la peur. Combien d'obfervations de perfonnes mortes
fubitement par des paffions exceffives !

Dans un dégré moins violent, les épi-
lepfies, les tremblemens de membres, les

pertes de la parole, de la voix, de la raison même, sont quelquefois les suites des passions; mais le plus ordinairement elles produisent des éruptions inflammatoires par tout le corps, des engorgemens de sang, des dépôts, des abscès, des supressions totales des esprits dans certaines parties, des gangrênes, des sphaceles, des engorgemens lymphatiques, des squirrhes, &c.

Indépendamment des secousses que ces passions donnent à la machine, des érétismes qu'elles y introduisent, & qui peuvent y causer les affections que je viens de décrire, j'ai assez bien prouvé, ce me semble, dans ma Physiologie, depuis la page 128 jusqu'à la page 137, que le principe matériel des passions réside dans les diverses modifications des esprits; & ce qui me persuade de la solidité de cette mienne opinion, c'est qu'elle a été adoptée par l'Auteur célébre du Traité de l'Économie animale, dans sa seconde édition, & fort louée par le Journaliste de Trévoux de ce tems-là. Rarement ces modifications

ART. II.

Expofi-
tion du Syf-
téme de
l'Auteur.

des efprits introduites par les paffions, ref-
pectent-elles leurs caractéres légitimes ;
c'eft-à-dire, ceux qu'ils doivent avoir pour
le bien de la machine ; plus rarement encore font-elles propres à les perfection-
ner : quand elles le font, c'eft toujours
par un aiguillon qui tient de fort près à un
ftimulant maladif, & qui dégénére en
vraie maladie, s'il eft continu ; mais,
pour l'ordinaire, toute paffion eft un dégré
de dépravation du caractére légitime des
efprits. Ne vous étonnez donc plus fi les
paffions produifent des inflammations,
des engorgemens, &c. Car des efprits dépravés ne pouvant plus donner le reffort
néceffaire aux vaiffeaux, le fang les dif-
tend ; il paffe dans les lymphatiques ; il
s'y engoue & produit l'inflammation : la
lymphe, le fuc nourricier en font de même dans les vaiffeaux d'un genre fupé-
rieur, & de là les engorgemens lymphatiques, chroniques, les fquirrhes, &c.

L'engorgement inflammatoire, effet des
premiers dégrés de la dépravation des efprits, eft le grand reffort que fait jouer

chez nous cette admirable providence qui
sçait faire naître le bien du mal même.
Elle a mis aussi la source d'une des plus
merveilleuses fonctions de l'économie animale dans une de ses dépravations produites par une passion. Elle a pris le feu élémentaire de la vie dans une maladie. L'a-
mour est cette passion. Qui est-ce qui
ignore les biens & les maux qu'elle fait ?
Le physiologiste lui trouve ce mélange
jusques dans sa source. L'amour est le
délire du bel âge ; il a ses langueurs, sa
fiévre particuliére, qu'un grand médecin,
du premier siécle, a sçu distinguer de
toute autre. L'amour a ses organes propres, son sens particulier ; (car vous sça-
vez que j'en ai fait un sixiéme sens dans
le commencement de ma Physiologie pu-
bliée en 1739.) Si les passions sont des
modifications des esprits qui en dérangent,
pour l'ordinaire, les caractéres légitimes,
certainement ce sera dans les organes
propres à la plus vive de toutes les passions, dans le foyer de cette vivacité, dans
le foyer de cette fiévre de la jeunesse,

ART. II.
Exposi-
tion du Sys-
tême de
l'Auteur.

qu'arrivera cette dépravation : de là cette phlogofe périodique, dont il tranfude une petite quantité de fang ; effet bien chétif d'une grande caufe, mais dont les fuites feront proportionnées à un tel principe.

Pourquoi maintenant cette évacuation eft-elle périodique ? L'amour qui eft fon principe, n'eft pas fi *lunatique* : l'organe eft permanent.

La fermentation voluptueufe eft auffi permanente : mais la phlogofe, l'engorgement hémorrhoïdal, fi l'on peut fe fervir de cette expreffion, ne peut pas être permanent, parce que l'évacuation dégage la partie, la débarraffe, & des liqueurs & des efprits fermentés, dépravés : il faut un tems pour opérer cette dépravation & ce nouvel amas des uns & des autres ; or ce tems-là eft ordinairement celui d'un mois. Parcourez toutes les affections des efprits, des nerfs, comme la fiévre, l'épilepfie, les afthmes convulfifs, &c. vous leur trouverez à tous ces périodes & ces accès réglés.

Par-là vous vous garderez bien de confondre

fondre mon Syſtême avec la pléthore ſanguine, particuliére à l'utérus. Il n'y a nulle pléthore ici, comme premier principe du phénomène ; elle n'eſt que ſecondaire & dépendante de la premiére cauſe. Celle-ci eſt un eſprit propre aux organes de la volupté, dont le développement, la raréfaction, tel qu'en peut être ſuſceptible un tel fluide, produit un engorgement & une tranſudation ſanguine périodique ; je viens de l'établir par l'atonie des vaiſſeaux. Je l'ai cru jadis la ſuite d'un érétiſme ; je penſois alors qu'une inflammation qui ſuit une piquûre, qu'une tumeur qui vient après un coup, étoient les effets de l'érétiſme : j'en ſuis revenu, & je n'ai pas ici la place d'en dire les raiſons ; (a) au reſte, je donne le choix en-

ART. II.
Son expo-
ſition & ſon
aplication.

____

(a) *Ces raiſons ne ſont pas difficiles à deviner pour tout homme qui voudra y réfléchir. Un coup qui froiſſe les nerfs & les vaiſſeaux d'une partie, la rend engourdie, c'eſt-à-dire, ſans ou preſque ſans ſentiment : les eſprits ne ſe portent plus, ou preſque plus dans les organes ; comment auront-ils un reſſort exceſſif, un érétiſme, puiſqu'ils perdent même le reſſort naturel ? Le gonflement d'une partie contuſe vient donc du défaut de reſſort des vaiſſeaux dans leſquels l'impulſion du cœur envoye des li-*

C

ART. II.
Son expo-
sition & son
aplication.

tre l'atonie & l'érétisme : la dépravation des esprits peut même produire l'un & l'autre en différens cas, selon l'espéce de cette dépravation ; enfin une atonie locale, cause souvent un érétisme général. Un dépôt, un engorgement, suite d'une contusion où les solides sont brisés, dépouillés de leur structure naturelle, & par conséquent de leur ressort, produira une tension des solides circonvoisins, des douleurs & de là une fiévre qui est un spasme universel. Une vessie sans ressort, occasionne une rétention d'urine ; celle-ci distendue, secoue douloureusement les nerfs. De-là encore l'érétisme général. L'atonie n'est nulle part si évidente que dans la gangrène, dans le sphacele, qui viennent quelquefois de l'érétisme, & qui en sont toujours accompagnés ou suivis.

---

queurs qu'ils ne peuvent pas faire passer plus loin, en même proportion qu'elles leur arrivent. Ajoutons à cela que la structure des vaisseaux est souvent dérangée, détruite même par les coups. J'en dis autant d'une piquûre, soit venimeuse, soit très-douloureuse qui produit le même défaut des esprits & du ressort, soit en dépravant ces esprits, soit en détruisant l'organisation de leurs canaux. Il en faut autant penser de leur engorgement ou gonflement, de toute tumeur, suite d'une semblable dépravation.

Je donne donc le choix entre l'atonie & l'érétisme pour le principe de la phlogose dont il s'agit ici : quelque parti qu'on prenne, je n'en expliquerai pas moins aisément tous les phénomènes de l'évacuation périodique du sexe.

ART. II.
Son exposition & son aplication.

1°. Elle n'éxiste point dans l'enfance, parce que le systême des nerfs n'y a point encore pris un état assez solide ; la liqueur spermatique n'y éxiste point encore ; en un mot Vénus n'est point encore sortie du sein des eaux.

Elle cesse dans la vieillesse, parce que les sources de cette liqueur princesse se ferment, se tarissent : l'amour est glacé.

2°. La jeunesse est l'âge des régles, parce que c'est l'âge des plaisirs ; parce que la liqueur séminale, qui en fait l'ame, pour ainsi dire, abonde dans les deux sexes, & sur-tout dans les organes de la volupté, par excellence. C'est donc à cet âge & dans ces organes principalement, que ces esprits voluptueux, dont nous avons parlé, doivent produire la phlogose que nous donnons pour principe des régles.

C 2

Je viens d'admettre une liqueur féminale dans les deux fexes, comme fi je
croyois, avec les anciens, que la génération fe fait par le mêlange de cette liqueur fournie de part & d'autre, & que
j'euffe renoncé aux œufs. Non, Monfieur ;
mais ces œufs, je les crois des mamelons
nerveux, faits en véficules ; & celles-ci ,
je les remplis de fuc nerveux, de liqueur
féminale de la femelle : enfin cette liqueur
des femmes, qu'on deftine feulement à
lubréfier leurs organes, elle vient de glandes que je crois encore toutes nerveufes
comme leur liqueur, & même toutes fper-
matiques ; car, en quoi ces liqueurs diffé-
rent-elles par leur origine, par leur con-
fiftence, leur couleur, leur odeur, de la
véritable femence ? Vous fentez combien
j'abrége tout ceci , qui eft très-dévelop-
pé dans ma Phyfiologie.

3°. Les femmes d'un tempérament fain,
chaud, vif ; celles qui vivent dans les climats méridionaux, ont beaucoup de régles ;
& elles les ont de bonne heure , parce que
toutes ces circonftances rendent un fujez

lafcif; au contraire, les perfonnes froides, humides, cacochymes; celles qui habitent les régions glacées, les ont en petite quantité, & fort tard, tous ces états étant le tombeau de la volupté.

4°. La faignée, les purgatifs, les diurétiques, les diaphorétiques, l'éxercice, une forte de diéte ou de fobriété, enlévent la pléthore, & par-là même rétabliffent des régles fupprimées, ou facilitent celles qui marchent déja, parce que la pléthore, en général, accable le fyftême nerveux, en rend les fonctions pénibles; que rien n'eft moins propre à la volupté, qu'un fujet chargé d'alimens, de liqueurs, d'embonpoint, &c.

Par la raifon contraire, les perfonnes maigres, mais vigoureufes & actives, font plus lafcives & mieux réglées.

5°. Le froid, la peur, la triffeffe arrêtent la tranfpiration, procurent cette pléthore nuifible, dont nous venons de parler: ils éteignent le feu de la belle paffion qui nous fournit le principe de l'évacuation défirée; ils la fuppriment donc auffi.

6°. La joie, les plaifirs de toutes efpé-
ces font autant de branches de la volupté,
qui donnent plus de vie à toute la machine, plus d'énergie à toutes fes fonctions :
ce font les heureux momens du triomphe
de Vénus ; ils font donc favorables à la
phlogofe menftruelle.

7°. Qu'importe maintenant à une femme, à un animal femelle, la fituation
droite ou couchée, pour avoir ou n'avoir
pas des régles ? Toutes les fituations qui
augmenteront en elle fon penchant ou fes
facultés pour l'amour, favoriferont cette
crife périodique ; & elle fera retardée ou
fupprimée par les contraires. De là vient
que les chiennes en chaleur, ont des régles dans ce tems-là feulement ; les femmes ne les ont donc réguliérement, que
parce que l'amour ne s'y éteint jamais ; &
cette belle prérogative eft une de celles
qui dérivent de notre fupériorité fur les
autres animaux.

Nous exceptons de toutes ces phlogofes
voluptueufes ; principes des régles, les
excés qui les font dégénérer en une vraie

inflammation maladive, capable de supprimer ce que l'autre produifoit.

8°. C'eft fur-tout dans l'explication des fymptômes de la fupreffion des régles, que mon fyftême devient plus néceffaire & mieux démontré.

ART. I.
Son expofition & fon aplication.

Que cet efprit féminal fermenté, préparé à fa maniére, & tout fait par les houppes nerveufes de l'utérus & de fes appartenances; que cette phlogofe voluptueufe, fi naturellement placée dans fes organes propres, foient tranfportés dans les plexus méfentériques, ils y donneront toutes les fcènes des maladies vaporeufes, hypocondriaques, de la folie même : dans l'eftomac, ils produiront des vomiffemens, des appétits dépravés, &c.; dans le foie, fon obftruction, des coliques hépatiques, la jauniffe, &c.; dans le diaphragme, dans la poitrine, des opreffions, des douleurs de côté, &c.; en un mot, tous les défordres qui fuivent les métaftafes de la fuppuration, celles d'un ulcére, & fur-tout d'un ulcére malin ; car, dans tout ceci, ce n'eft guére la tranf-

ART. II.
Son expo-
sition & son
explication.

migration d'une matiére qui peut faire ces ravages, mais celle d'un esprit dépravé ou même d'un esprit seulement, qui n'est plus dans son organe propre, dans l'organe à l'unisson, si l'on peut dire, de sa nature, de sa modification actuelle.

N'est-ce point à ce même esprit égaré dans les diverses parties du corps, que sont dûes ces menstrues si singuliéres, rendues par les extrémités des doigts, par le nez, par les yeux mêmes, &c. ? Nous avons eu, en 1751, un éxemple bien frappant de ces menstrues singuliéres dans une demoiselle du Havre, qui les rendit par l'oreille, puis par les pores de la peau même; d'abord, par les pores des tégumens de la tête, pendant quatre jours; ensuite, par ceux du visage; après cela, par ceux de l'épaule, du bras, des cuisses, mais le plus souvent du visage. Ces écoulemens étoient d'abord du sang très-pur, ensuite du sang mêlé de sérosités.

N'est-ce point un esprit analogue à celui ci, qui est le principe des hémorragies critiques par le nez & par plusieurs autres

tres parties du corps ? D'où vient, après des tailles laborieuses si capables d'affecter les esprits d'une modification extraordinaire, ai-je vu transuder des pores de la peau du taillé, plusieurs jours après l'opération, des gouttes de sang en assez grand nombre, pour faire sur son linge une tache de plus d'un pouce de diametre ? N'est-ce pas à ce même principe qu'on pourroit rapporter les sueurs de sang, citées par des Auteurs fort graves ?

ART. II.
Son Exposition & son explication.

La supression des mois, qui est sans accidens ou avec peu d'accidens, dépend de la perte entiére ou presqu'entiére de cet esprit, de cette phlogose voluptueuse, ou bien de ce que l'un & l'autre est rappellé du vagin, dans d'autres parties où il est presque tout employé à des opérations auxquelles il est nécessaire : tel est l'ouvrage de la génération; & voilà pourquoi, dans les grossesses, on ne voit point de régles. Quand elles subsistent encore, c'est qu'il est assez de cette phlogose, de cet esprit, pour fournir aux ovaires, à la matrice & au vagin.

D

Les vomissemens, dans ces cas, viennent ou d'une portion de cette phlogose
passée à l'estomac, ou des secousses que
celui-ci reçoit par consentement, des révolutions que cette effervescence excite
alors dans les ovaires & la matrice. Il peut
même souvent arriver que tous les symptômes de la supression des régles, que je
viens de parcourir, dépendent de ce consentement, & que la suppression des mois
vienne, ou de l'érétisme voluptueux,
trop violent, & capable de fermer l'issue à
cet écoulement, ou de ce même érétisme
supprimé au vagin, mais en même-tems
très-ardent aux ovaires & aux autres parties de la génération ; & c'est peut-être là
le fondement de cet ancien proverbe, *Pal-
lida cupit* ; car on conçoit qu'un pareil érétisme doit communiquer à la surface du
corps le resserrement des vaisseaux, qui
produit la pâleur.

Le sein se gonfle dans l'approche des
régles, il se gonfle même toutes les fois
que les organes de la génération sont affectés voluptueusement. Il y a une sympathie
entre ces deux organes, établie par les

nerfs, & encore plus par cet esprit propre, qui y constitue une espéce d'instinct.
(*a*) L'effervescence excitée dans l'un, se
communique bientôt dans l'autre; & ce
gonflement des mammelles, en est une
suite, parce que, soit atonie, soit érétisme, le retour des liqueurs y est retardé,
les vaisseaux y restent donc distendus.

Dans une femme grosse, toutes ces circonstances font, en grand, & constam-
ment, ce que l'approche seule des régles ou
des plaisirs momentanés ne produisent
qu'en passant.

Quand elle approche du tems de l'accouchement, le gonflement des mammelles
est plus considérable que jamais; ce fluide
nerveux, propre aux organes de la génération, en remplit tous les nerfs, toutes le
glandes qui en sont les produits; ces glandes, dans le méfentere, donnent visible-
ment au chyle, qui n'est d'abord qu'une
lymphe assez claire, une consistance lai-

______

(*a*) On trouvera des preuves de cet instinct dans
pièce imprimée après celle-ci.

teufe. Nos efprits prolifiques , dans les
glandes des mammelles , en font autant de
la lymphe qui en remplit tous les vaiffeaux ; ce qui donne une fécrétion du lait ,
d'autant plus abondante , que l'amas eft
plus confidérable , les glandes plus nom-
breufes , les nerfs plus fournis d'efprits ,
les vaiffeaux liquoreux eux-mêmes plus
remplis. Le reflux du fang des artéres épi-
gaftriques vers les mammaires , fût-il heu-
reufement trouvé , ne donneroit jamais
que des liqueurs aqueufes lymphatiques ,
& non pas du lait , fans la transformation ,
dont je viens de parler , de cette lymphe
en lait , par les efprits ; & quand on voudroit former ce lait , premiérement dans
l'utérus , comment y réuffir , fans ces mêmes efprits , fans ce fluide confervateur ,
dont une des propriétés effentielles , établie
dans ma Phyfiologie , depuis la pag. 81 ,
jufqu'à 84 , eft d'unir , de rapprocher &
de tenir unies les molécules de nos folides , de nos liqueurs , &c. ; rapproche-
ment qui fuffit pour convertir du chyle fort
clair , & la lymphe gélatineufe , en lait.

Les nourrices, tant qu'elles donnent beaucoup de lait, n'ont guére leurs régles, parce que la fabrique de cette liqueur abforbe une fi grande quantité d'efprits, qu'elle en dépouille fon organe affocié ; ou au moins elle l'en prive affez, pour y empêcher cet amas, ce féjour, cette effervefcence, qui produifent la phlogofe menftruelle ordinaire.

Les femmes qui ont tout à la fois, & du lait & leurs régles, ont apparemment affez de ce principe fougueux, pour fournir à tous les deux.

On a parcouru ci-devant les accidens de la fupreffion des régles dans l'âge de vigueur ; & l'on a avancé que celle qui fe fait naturellement par la vieilleffe, en eft exempte : ceci n'eft pas fans beaucoup d'exceptions. Il arrive fouvent qu'elle eft la fource de mille maux, dont les plus fâcheux font les écoulemens, les pertes, les abcès, les fquirrhes, les ulcéres, les cancers, &c. On ne fera pas fâché de voir, en peu de mots, comment les caufes de ces maladies fe déduifent encore de nos principes.

Les liqueurs & les organes de la génération ceſſant d'être fournis de cet eſprit
impétueux, qui occaſionne l'irruption du
ſang menſtruel, l'irruption ceſſe auſſi.
Pour que cette ceſſation fût ſans accidens,
il faudroit que l'écoulement ne diminuât
qu'à proportion de la diminution du fluide
qui en eſt le principe, & que quand l'é-
coulement ceſſe, cet eſprit manquât totalement ou preſqu'entiérement, & c'eſt ce
qui n'arrive preſque jamais.

L'écoulement légitime eſt dû à une cer-
taine abondance de cet eſprit, parce que
cet écoulement a des obſtacles à ſurmon-
ter, qui requiérent de l'impétuoſité, &
cette abondance d'eſprits.

A un dégré au-deſſous de cette abondance, la puiſſance des eſprits n'eſt plus aſſez
forte pour produire l'écoulement légitime; les obſtacles, en arrêtant l'écoulement, concentrent la puiſſance des eſprits
dans l'enceinte de la machine; s'ils re-
fluent, ils portent dans l'économie animale des déſordres proportionnés à leur
caractere.

Si la puissance de ces liqueurs s'exerce
dans le tissu même de la matrice, en cas
que ce tissu soit assez solide pour y résis-
ter, on en sera quitte pour des douleurs,
des vapeurs, &c.

Si la matrice n'a point cette force, les
désordres varieront suivant les dégrés de sa
foiblesse, ou de la force morbifique. Dans
l'une, là même impétuosité qui faisoit couler du sang, ne le pouvant plus, allongera
& distendra les filieres destinées à cet
écoulement, en formant une substance
fongueuse & variqueuse, soit dans le propre tissu de l'organe, soit vers ses surfaces.
Le sang s'accumulera dans ces fongosités
variqueuses, & par son séjour ou par sa force, se minera des sorties qui produiront des
pertes rouges ; ces embouchures une fois
fermées, on sera sujet à des écoulemens,
tantôt blancs, tantôt rouges, & à des pertes, suivant le plus ou le moins d'amas &
d'impétuosité des liqueurs.

Ce même séjour des liqueurs dans ces
fongosités, ce même esprit dépravé, qui a
formé les issues & les écoulemens, peut

former auſſi des ulcérations , des calloſités & des ſquirrhes ; & ſi ces ulcérations deviennent douloureuſes par la ſolidité du tiſſu de la tumeur jointe au développement des liqueurs perverties qui y ſéjournent , on voit que ces ulcérations ſquirrheuſes vont dégénérer en chancreuſes ; car nous avons fait voir ailleurs que les virus réſident dans les ſucs nerveux, danſ les eſprits , & que leurs différences dépendent des diverſes dépravations du caractere légitime de ces eſprits.

A plus forte raiſon , comprend-on que des eſprits & des liqueurs pervertis dans le tiſſu de ces parties , peuvent occaſionner des abſcès & des ſuppurations toujours fatales.

Il eſt peu de perſonnes qui , n'ayent entendu raconter des hiſtoires ſur la contagion ou les effets nuiſibles , attribués aux menſtrues ſur toutes les matiéres capables de fermentation , comme le vin doux & autres.

Je ne doute pas que le plus grand nombre de ces hiſtoires ne ſoient des contes ; mais

mais je ne puis me refufer à la réalité de quelques-uns de ces faits, dont j'ai plufieurs expériences fuivies. C'eſt, fans doute, la difficulté d'expliquer ces effets, qui les a fait nier ; car c'eſt affez la mode aujour-d'hui de nier tout ce dont on ne comprend pas le comment ; mais cette mode n'eſt pas raifonnable : elle eſt même ici hors de faifon ; ces difficultés ne font pas, à beau-coup près, infurmontables.

Je conçois, 1°. Que cet efprit vivifiant, cette ame de la volupté & de la féconda-tion, que nous fuppofons dans ces orga-nes, eſt empreint d'une plus grande fer-veur par la phlogofe menſtruelle ; 2°. qu'il émane, des fluides engorgés & fé-journant dans ces parties lubriques, des corpufcules avec lefquels s'allie ce fluide fpiritueux, & que le fluide mixte qui en réfulte, fe répand dans l'atmofphére.

Je penfe que ce fluide, joint aux orga-nes, eſt un des principaux agens de tous les phénoménes merveilleux de la géné-ration.

Eſt-il donc étonnant que, dans certains

E

tempéramens, ce fluide mixte soit tel, que venant à pénétrer des matiéres, comme le vin doux, il affecte la partie spiritueuse active, principe de la fermentation de ces liqueurs ; il jette le trouble dans leurs mouvemens naturels, & qu'enfin il y produise ces révolutions tant de fois observées ? On sçait qu'un rien suffit pour troubler les opérations chymiques, qui dépendent de l'action d'un esprit & d'un développement de principe. Il est tout simple que cet esprit menstruel, d'une nature si étrangére à celui des végétaux, & chargé de corpuscules très-actifs, très-développés, arrête le mouvement, le développement particulier à ces végétaux, en éteigne le principe vivifiant, & fasse par-là dégénérer cette fermentation vivante, si l'on peut dire, en fermentation cadavéreuse, putride ; en corruption enfin.

Puisque la cause des régles est une espéce de phlogose voluptueuse ; & en quelque sorte hémorrhoïdale des organes de la génération du sexe, il s'ensuit que l'action des remédes emménagogues consiste à por-

ter dans ces parties cette phlogofe propre
à occafionner le fuintement du fang ou l'é-
vacuation defirée ; & c'eft l'effet qu'on reconnoît dans cette efpéce de médicament,
dans l'aloës, par éxemple.

Je ne fuivrai pas plus loin ce fujet, fur
lequel je me fuis affez étendu, pour des
lecteurs intelligens.

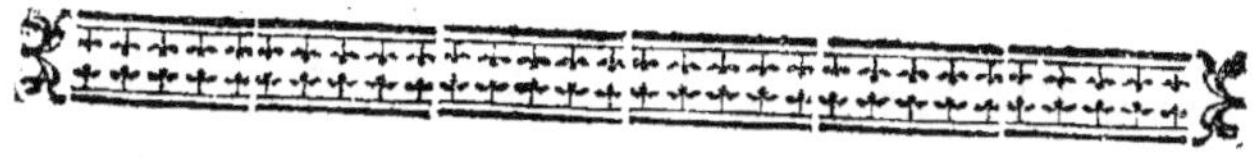

RÉPONSE

*Aux objections insérées dans le Journal de
Médecine du mois d'Octobre 1764,*

Contre le Systême sur la cause de l'Eva-
cuation périodique du Sexe.

*Réponse où ce Systême devient encore plus
solidement établi, & l'hypothèse opposée
radicalement détruite.*

IL y a près de deux mois que j'ai reçû
le Journal de Médecine d'Octobre, &
que j'ai vû dans la table des matiéres,
qu'il contenoit des objections contre mon
Systême sur la cause de l'évacuation périodique du Sexe : occupé d'ouvrages plus
essentiels qu'une réponse à une critique,
je n'ai pas voulu lire celle-ci, de crainte
que la tentation de la réfuter ne me fît
abandonner l'ouvrage que j'avois entrepris.
Je viens de la lire enfin dans un de ces
intervalles où un homme laborieux passe
d'un travail à un autre, & j'y réponds sur le
champ, en déclarant que ce sont là les

feuls momens que je perdrai à répondre à
de pareilles cenfures ; le tems qui me refte
à vivre étant trop court, & la tâche que
je me fuis impofée de finir, trop longue,
pour m'en laiffer détourner dorénavant.

Dès le titre de la Piéce du Médecin de
Coutances, j'ai vû qu'il étoit de mau-
vaife humeur, de ce qu'un Chirurgien de
Rouen s'avife d'être Docteur en Médecine, de profeffer depuis plus de 30 ans la
Phifiologie, & qui pis eft, d'y avoir fait par-
ci, par-là, quelques découvertes. Il commence donc par me priver du titre de Docteur en dépit des Diplômes des Univerfités,
& me reftreint à celui de Chirurgien. Il fe
flatte fans doute que ce dernier titre ainfi
ifolé autorifera un jeune Médecin à man-
quer à fon ancien, & à le traiter auffi du-
rement qu'il lui plaira.

J'efpére qu'on trouvera ce procédé
d'autant plus déplacé, qu'étant Docteur
en Médecine quelques années avant d'être
Maître en Chirurgie, & ayant l'honneur
d'être Eléve de l'Univerfité & de la Faculté de Paris, il n'a tenu qu'à moi d'être

fimple Médecin ou de Coutances, ou de toute autre ville de France, à commen-cer par fa Capitale, fi je n'euffe cru que le titre & les fonctions de premier Chirur-gien d'un grand Hopital ne m'euffent ren-du plus recommandable, en me rendant plus utile.

Quoique M. Bonté paroiffe déterminé à me maltraiter, il ne le fait pas fans quelques remords. *Le nombre* de mes *an-nées*, quelques *lauriers* académiques le frapent & troublent un peu fa fécurité; le mot de *refpectable* lui échape; mais com-me un Chirurgien ceffe de l'être vis-à-vis de certains jeunes Médecins, il fe raffer-mit dans fon projet, en ne me confidérant que de ce côté là. A l'égard des *lauriers*, il les lui falloit pour me rendre au moins digne de fon trophée; mais afin de bor-ner là leur ufage, il les reprefente com-me deffléchés, & de plus, cueillis dans des champs étrangers à notre Art, étran-gers à la queftion prefente, dans ceux de la *Phyfique* enfin. Peu de gens ignorent cependant que ceux dont on a eu la bon-

Réponfe
aux Objec-
tions.

‑té d'encourager mes foibles talens, ont tous eu pour objet l'Art de guérir, l'Anatomie, la Phyſiologie ; & mes derniers lauriers phyſiologiques ne ſont pas, je penſe, aſſez vieux, pour être déſignés par les termes *d'autrefois.* Ceux de Berlin, de Touloufe, ne ſont que de 1753, 57. L'intervalle n'eſt-il pas un peu trop court, pour que le *nombre* de mes *années*, ma caducité faſſent déja pitié à mon Critique, & le perſuadent que mon imagination *m'égare à l'ombre* de mes *lauriers* ? Voilà de l'harmonie & du neuf, tout enſemble, commevous voyez : s'égarer la nuit, dans les ténébres, cela eſt tout ſimple ; mais on ne l'avoit jamais fait à l'ombre, & encore moins à l'ombre de ſes lauriers. Cela m'étoit réſervé ſous la plume de M. Bonté.

C'eſt pourtant par *reconnoiſſance* pour les *ouvrages utiles,* dont j'ai *enrichi* l'Art, qu'il *s'éleve* contre mes *erreurs,* & cela avec le ſtile de l'irronie & de la ſatyre. Vous m'avouerez que voilà encore une reconnoiſſance bien ſinguliére. Mais tout l'ou‑

vrage du Médecin de Coutances est dans
ce goût là.

ARTICLE PREMIER.

Réponse aux Objections directes contre le Nouveau Système.

§. I. **M**ON Système n'est pas nouveau,
dit le Critique ; Galien, Te-
renzoni, Vieussens : ont eu, *à peu de chose
près*, les mêmes idées.

Je ne sçai pas ce qu'ont pensé là-dessus
Terenzoni, Vieussens, mais je suis sûr
que Galien a eu des idées toutes contraires
aux miennes. Il attribue formellement
les régles des femmes à la pléthore, &
c'est l'opinion que je prétens détruire.

L'Auteur a peut-être eu intention de
parler de ceux qui employent un ferment ;
mais je ne supose point comme eux de
ferment dans l'utérus. J'y mets, ou plutôt j'y trouve un sang que l'atonie ou l'é-
rétisme y amasse, & qui y fermente ensuite, comme le fait tout sang qui sé-

F

ART. I.
Réponse
aux Objec-
tions direc-
tes.

journe ; & cette atonie vient de la dépravation des esprits affectés de la volupté propre à cet organe. Voilà le principe du ferment, principe qu’on demande en vain à ces Auteurs, qu’on croit avoir eu à peu près les mêmes idées que nous.

§. II. Mais ce principe, ajoute-t’on, est *sans vraisemblance*, c’est *un vrai Roman, une chimére*, la production d’un *esprit fougueux*. Voilà les expressions de la *reconnoissance* & du *respect* que me vouoit tout à l’heure M. *Bonté* ; il faut convenir qu’elles font dignes de fon nom, & fort décentes à un jeune Médecin qui en attaque un autre avancé en âge, & qu’il fupofe même *à l’ombre des lauriers qu’il a cueillis autrefois*. Paffons-lui fes fougues à lui-même ; elles font de fon âge ; ne nous arrêtons qu’à fes objections.

§. III. *Le principe de la génération de l’homme est*, felon M. le Cat, *une fermentation putride*.

Pour ne point altérer mon texte, il falloit dire, le principe *préparatoire, occafionnel* de la génération de l’homme, & non pas le principe tout court. Ce qui est totalement différent, & jette le Critique dans des écarts & des absurdités de son cru, qu'il affecte de me prêter ; comme de dire que le *fœtus croît & se nourrit d'une matiére putride*, &c. De-là ces exclamations frivoles.... *Peut-on établir le principe de la vie dans une fermentation putride qui la détruit : emprunter le feu élémentaire d'une maladie, n'est-ce pas le profaner ?* Il auroit raison, s'il s'agissoit du principe même de la génération, de l'esprit séminal agent de cette sublime opération ; mais quand il est question de la cause occasionnelle qui prépare les voies à cet esprit , qui excite son action , on peut & on doit mettre cette cause dans une fermentation putride , & le feu élémentaire de cette fermentation dans une maladie , dans les régles.

On ne sçauroit disconvenir que les régles ne soient une espéce de maladie , & qu'elles ne soient la disposition nécessaire à la fécondité. *Le flux menstruel est*

ART. I.
Réponse aux Objections directes.

en *général la bafe de la génération*, dit le fçavant & célébre M. Senac. Les femmes réglées fentent une chaleur en cette région, felon le même Auteur, qui a vû une loupe devenir rouge dans ce tems critique. La fermentation y eft donc fenfible ; elle n'y eft pas moins néceffaire ; c'eft ainfi que la fermentation des liqueurs fait éclôre les œufs des infectes , que celle du fumier produit l'incubation artificielle des œufs de nos poules , que les couches de fumier de nos Jardiniers nous fait manger en France des ananas que le Soleil feul de la zône torride fait croître naturellement. *Ce principe de putréfaction* admis de cette maniére *pour celui de la vie ne m'a jamais paru révoltant* , & ne le paroîtra à perfonne qu'à mon Cenfeur. *Alors tout eft en mouvement dans l'utérus* , dit M. Senac , parlant du tems des régles. *Ce mouvement aide l'action de l'efprit féminal* , &c.

§. IV. Je n'ai pas non plus travefti ce principe fermentant en *phlogofe voluptueufe nouvelle en médecine* , dit le Critique,

qui tout à l'heure faiſoit cette opinion auſſi ancienne que Gallien ; mais j'ai fait voir
que ce premier dégré de fermentation ,
la phlogoſe voluptueuſe des organes du
Sexe & les régles ſont une même choſe

ART. I.
Réponſe
aux Objec-
tions direc-
tes.

§. V. Critique. *La phlogoſe voluptueuſe eſt auſſi nouvelle en Médecine que la volupté phlogiſtique en galanterie.*

R. L'expreſſion de phlogiſtique n'eſt pas
connue du commun des amans , j'en conviens, mais la choſe l'eſt beaucoup. De-
mandez-leur ce que c'eſt que l'amour;c'eſt,
répondront-ils , *un feu qui me dévore....
une ardeur qui me brûle,* &c. Quoi de plus
phlogiſtique, Monſieur, que du feu ou une
ardeur brûlante ? & *la flamme amoureuſe,*
ſynonime de l'amour , eſt-elle pour un
Phyſicien, pour un Médecin, autre choſe qu'une *phlogoſe voluptueuſe* ou une *volupté
phlogiſtique?* M. Bonté a voulu prendre le
ton d'agréable railleur , & il n'a fait que
le mauvais plaiſant.

§. VI. Votre *Phlogoſe voluptueuſe,*
inſiſte mon Cenſeur, eſt une pure ſupoſi-
tion, une *cauſe imaginaire* des Menſtrues.

R. La phlogofe, caufe des régles, eſt viſi-ble dans les chiennes, elle eſt même fort ſouvent avec tumeur des organes ex-térieurs, & ne différe preſque pas de l'en-gorgement hémorroïdal, auquel je l'ai comparée. On vient de voir dans M. Sénac que les femmes vivantes en reſſentent la chaleur. Elle eſt encore plus viſible dans les cadavres des femmes mortes pendant leurs régles; le Critique l'avoue lui-mê-me, en l'apellant engorgement, pléthore, des noms conſacrés au ſyſtême ordinaire. Peu m'importent les noms qu'il lui don-ne, c'eſt là la pléthore de mon Syſtême, parce que je regarde comme démontré que cet état de l'utérus ne dépend pas de la pléthore générale : & cette pléthore de l'u-térus, eſt à juſte titre, douée de l'épithéte de voluptueuſe, 1°. Parce que ſa preſence ſeu-le donne à la chienne & à toutes les femel-les des animaux le goût pour les plaiſirs de l'amour; 2o. Parce que les femmes mê-mes, qui, hors des tems de leurs régles, ont une phlogoſe maladive différente de celle-là, ont des déſirs voluptueux, exceſ-

fifs & contre nature ; j'ai là-deffus des obfervations fans replique. 3°. Et enfin parce
que l'âge de la volupté commence & finit
avec les régles. Le Médecin de Coutances
me nie ce dernier fait , & croit le prouver
en me citant de vieilles Meffalines & des
Lays précoces. Pour que ces éxemples
fuffent concluans, il faudroit qu'ils ne fuffent pas des phénomènes , des exceptions
aux régles ordinaires ; il faudroit que j'euffe dit que la privation des régles ôte toute fenfibilité , toute aptitude au chatouil-
lement dans fes organes ; il faudroit que
j'euffe dit que les déréglemens du cœur
même ne peuvent pas faire faire de ces organes un ufage , auquel la nature feule
n'invite pas.

§. VII. Cette Phlogofe fexuelle a , felon moi , fon principe dans la dépravation
des efprits animaux , produite par les paffions , qui ont leur méchanifme dans les diverfes modifications des efprits , ainfi que
je l'ai établi dans ma Phyfiologie. *Certaines paffions modérées font beaucoup de bien* ,
ai-je dit dans la differtation critique , *mais*

une iliade de maux est la suite de la colére, du chagrin, de la peur.

A cet énoncé, qui spécifie les passions nuisibles, mon Censeur selon sa fidélité ordinaire, substitue toutes les passions, & leur raporte cette iliade de maux que j'attribue à celles qui sont nuisibles. *Il n'y a pas le moindre bien*, dit-il, *pour faire ombre au tableau.* Un bien qui fait ombre au tableau est encore une expression de notre nouveau Demosthène ; mais vous voyez que cette assertion est aussi fausse que neuve, puisque je viens de dire que *certaines passions modérées font beaucoup de bien*; & que je n'attribue les maux qu'aux excès, aux passions nuisibles.

§. VIII. Ce changement de modification des esprits pour les diverses passions lui paroît difficile à expliquer, mais c'est pourtant une vérité que les faits nous forcent d'admettre; elle lui paroît trop métaphysique, & moi je la crois plus physique encore que métaphysique ; la nature qu'il interroge là-dessus est muette ; elle l'est pour lui, soit....en poussant nos

recherches

recherches au-delà des fens, *les yeux, fe-*
lon lui, s'obfcurciffent & dérobent la lumiére
à l'efprit : que tout cela foit propre encore à M. Bonté, comme le font ces ex-
preffions, à la bonne heure ; mais qu'il ne
faffe pas aux autres hommes l'injuftice de
borner leurs connoiffances aux feuls fens,
parce que, tout en convenant qu'ils en font
la fource, ils lui foutiendront qu'il s'en
faut bien que l'intelligence humaine en
demeure à cette fource, aux feuls objets
fenfuels, le partage des brutes. Il n'eft
pas plus judicieux, quand il apelle les efprits une *liqueur homogène* : Eh, quel *fens*,
homme tout fenfuel, vous a fait aperce-
voir cette liqueur & fon homogénéité ? Il
raifonne encore moins, quand il compare
cette prétendue liqueur à *des liqueurs grof-*
fiéres, viciées, auxquelles *il eft difficile*
de faire reprendre leur premier caractére.
Quel parallèle ! Il ne lui refte plus qu'à
comparer les changemens de l'arc-en-ciel,
ou des couleurs de certaines aurores bo-
réales aux formes que prend un bareau
de fer fous les coups redoublés de nos
Cyclopes.   G

ART. I.
Réponfe
aux Objec-
tions direc-
tes.

§. IX. Je ne sçavois pas que le sixiéme sens que j'ai ajouté aux cinq autres, dans mon Traité des sens, fût connu pour tel dès le tems d'Adam. J'avois découvert depuis peu un Auteur assez moderne qui avoit eu la même idée que moi ; mais je ne la soupçonnois pas à beaucoup près si ancienne. C'est une anecdote, dont la République des Lettres est redevable à M. Bonté, & dont il lui fournira, sans doute, les preuves : il y a ajouté une dé-couverte de sa façon, qui rend ce sixiéme sens bien plus recommandable encore que je ne le croyois, moi qui en ai fait l'apologie, c'est que tous les autres sens sont faits pour lui, & *semblent se confondre avec lui*. Comment cela ? certes, c'est-là une métaphysique de M. Bonté au-dessus de mes sens, & même de mon intelli-gence.

§. X. Mais ce sens si privilégié est pourtant bien plus disgracié de la nature que les autres, selon M. le Cat, dit mon Censeur ; jamais les esprits n'y sont que pervertis. *Jamais*, est une éxagération de

la façon de M. Bonté ; l'utérus reçoit des
efprits des nerfs, comme les autres parties,
& auffi naturels, auffi légitimes que tous
les autres ; il eft vrai qu'une portion de ces
efprits reçoit, dans des glandes de l'utérus,
des caractéres particuliers à la fonction,
à la paffion qui lui eft propre, & que ces
caractéres altérent, en cette portion, les
difpofitions qu'ils auroient à entretenir l'é-
quilibre parfait entre les folides & les fluides ; mais ce dégré d'altération même
dans cette portion, n'eft pas une *difgrace
de la nature* ; je l'apelle *altération*, *dépravation*, par raport à l'équilibre méchanique, dont je viens de parler ; mais c'eft
une perfection & une très-grande perfection, eu égard à une vue bien plus fubli-
me qu'a eu l'Etre fuprême : la propaga-
tion de l'efpéce. Des efprits *homogènes*,
inaltérables, nous euffent fait de belles
machines hydrauliques, de beaux auto-
mates, mais il nous falloit des paffions &
des plus vives pour être les plus parfaites
créatures du monde, & ces paffions demandoient des efprits tels que nous les

ART. I.
Réponfe
aux Objec-
tions direc-
tes.

G 2

avons, & des organes comme les nôtres.

§. XI. Le Censeur me croit en contra-diction, quand je donne le choix entre l'a-tonie & l'érétisme pour principe de l'en-gorgement, & il finit par adopter les éxemples que je cite où ces deux effets se rencontrent à la fois, en faisant semblant de les donner comme de lui. La gangrene, dit-il, peut être la suite d'un érétisme, mais la gangrene est une atonie parfaite, lorsqu'elle est arrivée. J'avois dit avant lui .... *l'atonie n'est nulle part si évidente que dans la gangrene, dans le sphacele, qui viennent quelquefois de l'érétisme & qui en sont toujours accompagnés ou suivis.*

§. XII. Critique. *Il étoit naturel dans l'explication des phénomènes de la menstrua-tion, de rendre raison pourquoi les femmes y sont seules sujettes.*

Voilà la seule vraie objection que con-tiennent les 28 pages de la Critique de M. B * *, encore n'est ce pas une objec-tion, mais la remarque fort juste d'une omission que j'ai faite dans ma Dissertation. Je n'aurois donc que des remercimens à

lui faire à cet égard, s’il n’avoit pas eu la
mal-adreſſe de m’en diſpenſer, & de gâter
cette obſervation par le reproche, dont il
l’accompagne, de n’avoir paſſé cette queſtion ſous ſilence que par l’impuiſſance d’y
répondre. Je vais lui faire voir que c’eſt
un pur oubli.

Les principes de la phlogoſe, de l’ef-
ferveſcence voluptueuſe, ſont pareils,
ſans doute, dans les deux ſexes, & je les
crois même plus conſidérables dans le
mâle, n’y eût-il que cette ſeule raiſon
que le fluide ſéminal y eſt plus abondant.
Donc la différence ſeule des organes
éxempte le mâle de l’évacuation périodique, à laquelle l’autre ſexe eſt ſoumis.
Cette différence eſt frapante, ainſi que ſa
liaiſon avec les effets dont il s’agit. Ceux
du mâle placés à l’extérieur ont perpétuellement le rafraîchiſſement attaché à
cette ſituation, reméde contre la phlogoſe, dont l’efficacité eſt connue; des ſitua-
tions forcées, maladives, les privent-ils de
ce reméde: des alimens vifs, des liqueurs
ſpiritueuſes, des occaſions libidineuſes y

apellent-elles des phlogoses, soit sur les organes externes qu'elles mettent en orgasme, soit sur le seul qui soit interne, le réservoir de la liqueur séminale ; alors ce reservoir se vuide, & l'orgasme & la phlogose tombent, s'évanouissent ; la femelle au contraire a tous les organes couverts ou renfermés intérieurement ; les plus nerveux sont entre la vessie & le rectum, & comme entre deux couches infiniment plus ferventes que celles de nos serres les plus chaudes. Voilà deux situations, qui seules occasionneroient la phlogose dont il est question, & les engorgemens qui en sont les suites. Les deux sexes ne l'éprouvent que trop dans la structure & la situation du rectum, qui ressemble par là au vagin, & qui est aussi exposé si fréquemment aux phlogoses & aux engorgemens hémorroïdaux.

La seule évacuation, qui soulage ces deux organes, le rectum & l'utérus, est celle du sang même qui fait l'engorgement ; on a vû que le mâle en avoit une autre indépendamment des avantages que nous lui avons reconnus. Voilà les vraies & uniques causes qui rendent le sexe féminin sujet à une évacuation périodique, dont l'autre est éxempt, & ces causes sont fondées sur la structure invariable des organes, structure commune à tous les animaux : aussi toutes les femelles en tous genres ont-elles leur tems de chaleur, & leurs régles à leur maniére. Il ne faut donc pas que le Critique me demande, *pourquoi tous les animaux sont exempts de régles* .... Il ne le sont pas ; ils les ont en tems réglés : tems différens à la vérité de celui des femmes, parce qu'il y a dans celles-ci une supériorité que j'ai déja indiquée dans ma Dissertation.

§. XII. *L'explication du période de la menstruation est singuliére*, dit mon Censeur, *on y rend l'amour lunatique*, &c.

L'infidélité de M. Bonté est encore ici frapante, il me fait dire éxactement le contraire de ce que je dis ; car voici comme je m'exprime à ce sujet .... *L'amour, qui est son principe*, (de l'évacuation périodique) N'EST PAS SI LUNATIQUE ; *l'organe est permanent ; la fermentation volup-*

tueuſe eſt auſſi permanente ; mais la phlogoſe , l'engorgement hémorroïdal , ſi l'on
peut ſe ſervir de cette expreſſion, ne peut pas
être permanent , parce que l'évacuation dégage la partie, la débarraſſe & des liqueurs
& des eſprits fermentés , dépravés , &c.
Quelle confiance mérite un Auteur auſſi
infidèle,& qui ne peut trouver le moyen de
critiquer un texte qu'en l'altérant & en lui
faiſant dire tout le contraire de ce qu'il
dit en effet ?

§. XII. *Suivant la nouvelle théorie ,*
continue leCenſeur, *Vénus ne ſe plaît que
dans les contrées du midi . . . . Les femmes
du Nord ſont condamnées à être perpétuellement glacées ; elles ſont cependant très-
fécondes , &c.*

Autant de phraſes, autant d'infidélités.
Voici mon texte. Les *femmes d'un tempérament ſain , chaud , vif, celles qui vivent dans les climats méridionaux ont beaucoup de régles & les ont de bonne heure,
parce que toutes ces circonſtances rendent un
ſujet laſcif; au contraire les perſonnes froides , cacochymes ; celles qui habitent les
régions*

régions glacées, *les ont en petite quantité & fort tard*, *tous ces états étant le tombeau de la volupté.* Ce font là autant de faits conftans, dont aucun ne dit qu'il n'y ait point d'amour ni de fécondité dans le nord ; on n'y dit pas même que la fécondité foit proportionnelle à la lubricité, on n'a eu garde ; on auroit été fondé à y avancer le contraire, s'il y avoit été queftion de fécondité.

§. XIV. *Tous les Médecins fe refuferont aux obfervations du quatriéme article,* dit mon Critique. Voici, non le quatriéme article de ma Differtation, mais le numéro 4. de l'article II. & je prie le lecteur d'avoir toujours recours à mon texte s'il lit ces objections dans le Journal de Médecine ; car encore une fois, mon Cenfeur ne le cite jamais tel qu'il eft ....
4o. » La faignée, les purgatifs, les diuré-
» tiques, les diaphorétiques, l'éxercice,
» une forte de diette ou de fobriété, enlé-
» vent la pléthore, & par là rétabliffent les
» régles fuprimées, ou facilitent celles qui
marchent déja parce que la pléthore en

H

» général, accable le Syſtême nerveux ,
» en rend les fonctions pénibles ; que rien
» n'eſt moins propre à la volupté, qu'un
» ſujet chargé d'alimens , de liqueurs ,
» d'embonpoint , &c. Par la raiſon con-
» traire , les perſonnes maigres , mais
» vigoureuſes & actives, ſont plus laſci-
» ves & mieux réglées.

Quels ſont les Médecins , quels ſont les hommes ſenſés qui *ſe refuſeront aux obſer-vations précédentes* ? M. Bonté tout ſeul ; & je le plains , ſi l'on aprécie ſa judiciaire par cet échantillon. Mais quelle raiſon peut-il donner de ſon opinion ſinguliére ? *Si quel-qu'un de ces ſecours , dit – il , les provoque quelquefois , (* les régles *) c'eſt en augmentant la pléthore particuliére de la matrice.*

Autant il eſt clair que la ſaignée , les purgatifs , les diurétiques , les diaphoré-tiques , l'éxercice & la diette , ſont des évacuans qui enlévent la pléthore , autant il eſt évident qu'ils ne peuvent jamais produire dans aucune partie cette même pléthore qu'ils enlévent par toute la ma-chine où l'équilibre des liqueurs ne permet pas qu'une partie foit déchargée, fans que toutes les autres n'ayent leur part de la décharge. Voilà des principes phyſiques, méchaniques, inconteſtables.

§. XV. *Critique. Les longues maladies, l'épuiſement . . . . . l'abſtinence . . . . une maigreur exceſſive . . . . . retardent ou ſupriment les régles.*

R. Quel raport tout cela a-t'il avec la ſobriété & la maigreur vigoureuſe & active de notre numéro 4.? Quoi! il faudra que M. Bonté altére toujours mon texte pour le trouver répréhenſible?

§. XVI. *Critique.* La volupté eſt amie de la bonne chere, du vin.

R. Oui, mais non pas de celle qui procure une pléthore accablante, & c'eſt là mon texte.

§. XVII. *Critique.* Elle s'éteint (la volupté) dans les bras de la frugalité.

R. C'eſt ce que je nie. Et la preuve authentique en eſt que nos payſans font plus d'enfans que nos Seigneurs, nos gens à bonne chére : mais en général, qui ne ſent pas que l'état où nous ſommes les

plus capables des plaifirs eft celui où notre fanté eft plus vigoureufe , & que la
frugalité eft la mere de la fanté & de la
vigueur ? Tout le monde fçait à quel ré-
gime auftére étoient obligés les Athlétes
pour fe préparer aux actions de force dont
ils donnoient le fpectacle.

§. XVIII. Critique. *Une ame trifte
& froide n'eft point amoureufe.*

R. Ce n'eft point là mon texte, le voici...
>> 5°. Le froid, la peur, la trifteffe arrêtent
>> la tranfpiration , procurent cette plé-
>> thore nuifible , dont nous venons de
>> parler ; ils éteignent le feu de la belle
>> paffion qui nous fournit le principe de
>> l'évacuation defirée : ils la fupriment
>> donc auffi.

Critique. *Le froid , la peur, la trifteffe
ne peuvent augmenter la pléthore.*

R. Elles le doivent · néceffairement ,
puifqu'elles arrêtent la tranfpiration. Or
qui peut nier que le froid produit cet
effet , en refferrant les pores de la peau ,
& qui eft-ce qui ignore que la peur & la
trifteffe produifent ce même refferrement,
témoins la pâleur , &c. ?

Critique. La joie & les plaisirs de toute espéce augmentent les secours périodiques ... Voici mon texte.

» 6°. La joie, les plaisirs de toutes es-
» péces sont autant de branches de la vo-
» lupté, qui donnent plus de vie à tou-
» te la machine, plus d'énergie à toutes
» ses fonctions ; ce sont les heureux mo-
» mens du triomphe de Vénus ; ils sont
» donc favorables à la pléthore mens-
» truelle.

Mais si cet état heureux, reprend ce Critique, étoit toujours accompagné d'une phlogose .... les régles éxisteroient toujours , ... c'est-à-dire, sans doute » *toujours* pour les gens toujours en joie.

Cet Auteur n'a jamais voulu comprendre que l'effervescence voluptueuse ne suffit pas pour les régles. Il a lu & n'a pas voulu entendre que cette fermentation est permanente ; que pour produire les régles , il faut non-seulement qu'elle cause cette phlogose , à laquelle la joie & les plaisirs sont *favorables* ; mais encore que cette phlogose soit suivie de l'engorgement

néceffaire à cette évacuation. Qu'il diftingue donc trois chofes & trois dégrés
dans cette caufe . . . . *effervefcence*, *phlo-*
gofe, *engorgement* ; *effervefcence* permanente & commune dans les deux fexes ; *phlo-*
gofe variable & particuliére au fexe par les
raifons alléguées précédemment, (§. XII.
p. 53.) & enfin *engorgement* analogue à
l'hémorroïdal, lequel demande un tems,
& ce tems fait le période ; qu'il ne confonde
pas toutes ces chofes, qu'il ne prenne pas
l'une pour l'autre à fon gré ou au gré de fon
humeur critique, & alors il n'aura plus
de critique à faire.

§. XIX. Critique. *La fiction moder-*
ne accorde encore plus aux fituations, que
les Auteurs, auxquels on les reproche ; l'a-
mour les donne, & comme il ne s'éteint ja-
mais chez les hommes, il n'y aura plus de
crife périodique. Elle durera, pour ainfi di-
re, toujours.

Voilà un phœbus, qu'en vérité je
n'entens pas. Je fuis par conféquent
difpenfé d'y répondre. Malheureufement ce n'eft pas le feul qui rende dé-

ſagréable la lecture de cette Critique. Continuons-la cependant, tant que la paſtience ne nous manquera point.

§. XX. Dans le numéro 8, j'explique par mes principes, les ſymptômes, les ravages de la ſupreſſion des régles, que j'oſe dire inexpliquables par le Syſtême de la ſimple pléthore, je les explique, disſ je, par la tranſmigration d'un eſprit ſéſ minal, d'une phlogoſe, qui ſont à leur place dans l'organe de la génération du ſexe, & qui deviennent très-déplacés & très-morbifiques dans tout autre organe. Le Critique doute qu'il y ait un eſprit ſéminal, qu'il y ait même des eſprits. Il ſeroit fort embarraſſé de donner des raiſ ſons ſolides de ſes doutes ; il ne veut pas qu'ils reçoivent une préparation dans les houpes nerveuſes, parce qu'elles ſont fines, délicates. Mais quoi de plus délicat que la ſubſtance corticale du cerveau, où les eſprits reçoivent leur préparation généraſ le & premiére ?

§. XXI. *Critique. Quel eſt le chemin qu'on leur fait tenir dans ces tranſmigraſ tions.*

R. Les nerfs.

Critique. *Comment arrivent-ils à un viscére plutôt qu'à un autre ?*

R. La belle question ! J'y répondrai quand M. Bonté me dira pourquoi la goutte ou le rhumatisme , que j'avois à un pied , vont en un moment , à la tête ou à l'estomac , plutôt qu'à l'autre pied , ou réciproquement. Voilà ce qui s'apelle de pures chicanes.

§. XXII. *Critique.* Ces esprits . . . . . cette phlogose . . . . occasionnent quantité de symptômes qui ne font rien moins que phlogistiques , comme des obstructions , jaunisses , des vomissemens , &c.

R. C'est ce que font tous les jours des inflammations , des érésipeles , des dartres , des herpes extérieures rentrées , & tout cela est très-phlogistique ; qui est-ce qui n'en a pas vû à la tête , au cou , caufer par leur rentrées , des glandes skirreuses , scrophuleufes ? Cela n'a guére l'air phlogistique , puifqu'on les apelle humeurs froides ; cependant le principe est très-phlogistique. Mais une simple phlogose

fur

les canaux biliaires va caufer la jauniffe.
M. Bonté eft-il donc fi neuf en Médecine qu'il n'ait pas encore vû tous ces cas là ?

§. XXIII. *Critique. Peut-on rendre une chimére fi générale ?*

R. C'eft l'aplication générale de mon
principe à tous les fymptômes que la Médecine n'a pû expliquer jufqu'ici, & qu'elle n'expliquera jamais fans lui, qui prouve que ce n'eft point une chimére, qui
démontre, en quelque forte, la folidité
de mon Syftême. Mon critique feroit donc
bien étonné, fi la phlogofe placée fur
quelqu'autre vifcére faifoit encore le principe de quelque fonction importante, du
fommeil, par éxemple ; c'eft ce que je
pourrai lui faire voir quelque jour. En
attendant, qu'il fe fouvienne, ou qu'il
aprenne que cette généralité de l'applica-
tion d'un principe eft la marque la plus
fûre de fa légitimité en phyfique, en Géo-
métrie, &c.

§. XXIV. *Critique. Peut-on attribuer
à l'efprit féminal égaré les hémorragies
critiques des jeunes gens pléthoriques ?*

1

R. Quelle extravagance me prête là encore mon infidéle Cenſeur ! J'attribue les métaſtaſes des maladies à un eſprit dépravé . . . . & je dis , . . . » n'eſt-ce » point un eſprit analogue à celui-ci, qui » eſt le principe des hémorragies critiques » par le nez & par pluſieurs autres parties du corps ? Vous voyez qu'il n'eſt pas queſ-tion ici d'hémorragie par pléthore ; & où feroit la pléthore dans une infinité de ma-lades que j'ai vu affligés de fiévres mali-gnes, depuis 20 & 30 jours, épuiſés par la ſaignée, la dietre & les évacuations de toutes eſpéces , plus reſſemblans à des ſpectres qu'à des hommes, prêts à mou-rir, autant d'épuiſement que de maladie, & ſauvés par des hémorragies critiques ? Ce Médecin qui n'a que la pléthore à don-ner pour expliquer ces hémorragies là, feroit beaucoup mieux de s'en taire & d'aprendre des autres en ſilence , com-ment elles ſe font.

§. **XXV**. Critique. *Nous voulons bien croire la ſueur de ſang que l'Auteur a ob-ſervée aprés la taille ; mais la dilatation* forcée des vaiſſaux excréteurs de la peau, dans les anxiétés de l'opération, n'en eſt-elle pas une cauſe plus naturelle & plus décente, que l'égarement de l'eſprit ſéminal?

R. Voici mon texte.... » d'où vient » après des tailles laborieuſes, ſi capables » d'affecter *les eſprits* d'une modification » extraordinaire, ai-je vu tranſuder des » pores de la peau du taillé, *pluſieurs* » *jours après l'opération*, des gouttes de » ſang, &c. ? » Vous voyez qu'il n'eſt pas queſtion ici d'eſprit ſéminal, mais des eſprits en général. Que ce n'eſt point *dans les anxiétés de l'opération*, mais *pluſieurs jours après*, que ſe fait cette tranſudation. Un Médecin un peu inſtruit des opérations de chirurgie, comme il y en a beaucoup aujourd'hui, ſçauroit que dans celle de la taille, ce n'eſt pas les *vaiſſeaux excréteurs de la peau* qui peuvent ſouffrir des dilatations forcées; & au ſurplus ces dilatations forcées ne feroient que des contuſions, ſuivies d'échimoſes, ou autres accidens, & jamais de tranſudations de ſang.

I 2

Mais ces régles sorties périodiquement
par les pores de la peau du bout des doigts,
par le nez, par les oreilles, par les yeux,
par les tégumens de toute la tête , par
ceux du visage , de l'épaule, des bras, des
cuisses , &c. M. Bonté les expliquera-t'il
bien par des *dilatations forcées des vaisseaux
excréteurs de la peau , dans les anxiétés
de quelques opérations ?* J'ai actuellement
sous les yeux un Négociant de notre Ville , qui rend du sang par les pores de la peau
des aisselles & des aînes , & par la racine
des poils qui y sont ; y apliquera-t'il aussi
le beau principe de sa dilatation forcée par
des opérations? Quand on critique avec
tant de hauteur , il faudroit être en état
de substituer de meilleures choses à ce
qu'on s'efforce de dénigrer & de détruire.

§. XXVI. Critique. *Des femmes perdent leurs régles , sans renoncer à la volupté.*

R. J'ai répondu à cette Critique dans
le §. VI. numéro 3.

§. XXVII. Critique. *Des femmes en-
ceintes ont assez de phlogose voluptueuse, pour*

fournir aux ovaires, à la matrice & au vagin ; & cependant elles ne voyent point de régles.

R. Elles en verront, & elles en voyent en effet toutes les fois que cette phlogofe eft affez confidérable, pour y produire l'engorgement fanguin, qui eft la préparation néceffaire à cette évacuation périodique.

§. XXVIII. Critique. *Le premier Ouvrage de la génération peut être une phlogofe paffagére.*

R. Voilà donc le Critique convaincu, perfuadé, avouant de lui-même que la phlogofe fait une des premiéres fonctions de la génération. 'Ce principe n'eft donc plus un *Roman*, une *chimére*, la *production d'un efprit fougueux.* Il doit donc être bien honteux de m'avoir prodigué ces injures ; elles feroient déja très-déplacées, quand il auroit raifon, mais lorfqu'il a tort, & que jeune encore il les adreffe à un vieillard, à quels remords ne doit-il pas être en proie ?

§. XXIX. Critique. *Mais que la con-*

ception & la grossesse, dans tous les tems & dans toute la durée soient le résultat d'une phlogose permanente, c'est une erreur reconnue dès le premier âge de la Médecine. *NON CONCIPIUNT QUÆ UTEROS SICCOS ET MAGIS ADURENTES HABENT.* Hipp. Aph. 255.

R. Le Critique me prête encore gratis cette erreur. Je la condamne comme Hippocrate ; je ne regarde cette phlogose que comme un *principe préparatoire, occasionnel de la génération,* & je dis expressément, numéro 7, art. 11 : *Nous exceptons de toutes ces phlogoses voluptueuses, principes des régles, les excès qui les font dégénérer en une vraie inflammation maladive, capable de suprimer ce que l'autre produit.* Voilà bien les *uteros siccos & Magis adurentes* d'Hippocrate.

§. XXX. Critique. *Les vomissemens de la grossesse dans le Roman phisiologique, sont la suite de la phlogose voluptueuse, qui passe à l'estomac.*

R. Pour être fidèle en citation, il falloit dire : » Les vomissemens, dans ces

» cas, viennent *d'une portion de cette phlo-*
» *gofe paffée à l'eftomac, ou des fecouffes que*
» *celui-ci reçoit par confentement des ré-*
» *volutions que cette effervefcence excite*
» *alors dans les ovaires, & la matrice;*
» car tel eft mon texte.

§. XXXI. Critique. *S'il y a quelqu'ef-*
fervefcence dans ce vifcére, (la matrice *)*
& fes apartenances, ce n'eft point l'eftomac
qui en fentira les révolutions, mais la ma-
trice même, dont le placenta, encore mal
affuré, fera détaché.

R. C'eft un fait que le commencement
des groffeffes eft accompagné de vomiffemens; que ces vomiffemens, qui apartien-
nent à l'eftomac directement, ont pour
caufe ce qui fe paffe dans les organes de
la génération. Donc l'eftomac fe reffent
des révolutions qui fe font dans ces organes. Il faut avoir bien peu de judiciaire
pour ne pas fentir ces conféquences, &
être bien chicaneur pour nier des faits que
perfonne n'ignore : c'eft la matrice, dit-
il, qui fent tout cela; fans doute, mais
elle auroit beau le fentir, on ne vomiroit

jamais, s'il n'y avoit pas une sympathie entr'elle & l'estomac.

§. XXXII. Critique. *Le placenta, encore mal assuré, sera détaché.*

R. Attendez donc qu'il y en ait un des placenta pour craindre qu'il se détache. Les premiéres révolutions de la conception, font grossir l'œuf, créver ses envelopes, passer sa vesicule par les trompes dans l'utérus, attacher cette vesicule à la parois interne de l'utérus, & c'est à l'endroit de cette adhérence que se forme le placenta; mais c'est un ouvrage plus long que celui des révolutions décrites. Voilà ce qu'un Médecin sçait ordinairement avant même de sortir de dessus les bancs.

J'ai dit dans ma Dissertation. . . . » Le » sein se gonfle dans l'aproche des régles. » Il se gonfle même toutes les fois que » les organes de la génération sont affec- » tés voluptueusement, il y a une sym- » pathie entre ces deux organes, établie » par les nerfs, & encore plus par cet es- » prit propre, qui constitue une espéce » d'instinct.

§. XXXIII.

§. XXXIII. Cette sympathie est enfin adoptée par le Critique, mais c'est à condition qu'elle se fera pour les nerfs seuls, & que *l'espéce d'instinct* que j'y joins n'y sera pour rien.

R. Quand j'étois aussi neuf que M. Bonté en Physiologie, je ne voulois que du méchanisme, je ne voulois que des sympathies purement nerveuses; mais quarante ans d'expériences & de réfléxions, m'ont bien fait changer de pensée. Pourquoi une lumiére vive, qui frape le fond de l'œil, & du tabac que je prends par le nez, me font-ils éternuer; c'est, disent les Physiologistes, qu'un filet de l'ophtalmique, branche de la cinquiéme paire, passe de l'orbite dans le nerf olfactif. Cette cinquiéme paire s'anastomose avec le nerf intercostal, qui est le moteur des muscles de la respiration. Donc par l'irritation de l'olfactif cet intercostal sera excité à produire la convulsion des muscles de la respiration qui fait l'éternuement.

Mais quel est le Physicien, Anatomiste, réfléchissant, qui ne sentira point le

Réfutation de la sympathie nerveuse purement méchanique.

Réponse aux Objections.

ART. I.

§. XXXIII.

K

ART I.
Réponse
aux Objec-
tions.

Réfuta-
tion de la
Sympathie
nerveuse,
mécanique.
§. XXXIII.

L'instinct,
puissance
très-réelle
de l'Econo-
mie anima-
le, est la cau-
se de tous
ces effets.

vuide d'une pareille explication? si toute irritation des nerfs correspondans de l'intercostal suffisoit pour produire la convulsion
des muscles de la respiration, nous éter-
nuerions toujours; car ce nerf est lié avec
presque tous les autres nerfs, & il n'y a
guére de momens où nous n'éprouvions
quelqu'aiguillon, soit intérieur, soit extérieur, sur ce nerf ou ses correspondans.
Il n'y a cependant que les stimulans qui
agissent sur le nerf olfactif & sur le filet
de l'ophtalmique dont je viens de parler,
qui produisent cet effet. D'où vient donc
cette prédilection? Le voici … C'est un
instinct généralement établi dans l'économie animale, que, quand un vif aiguillon irrite quelque partie, il met en jeu tous
les organes propres à débarrasser l'animal
de cet objet. Quand un charbon nous tombe
sur la main, tous les muscles de cette extrê-
mité se mettent alors en mouvement pour
le secouer : ceux de la respiration en font
autant pour débarrasser le nez de l'aiguillon sternutatoire ; l'affinité mécanique
nerveuse répond à cette intention de la

Nature ; elle tient des chemins de communications ouverts à ces effets sympathiques, mais elle ne les détermine point, elle ne les produit point. Un insecte me porte son aiguillon sur le visage, autre partie fournie de nerfs de la cinquiéme & de la septiéme paire, tous de correspondans de l'intercostal, je n'éternuerai cependant pas ; pourquoi ? Parce que cette fonction feroit inutile. Je fais mieux, j'y porte la main, & cette action est efficace. Une goutte d'eau me tombe dans la glotte, je n'éternue point, je n'y porte point la main, je touffe avec force, jusqu'à ce que je l'aye expulsée, & cela, involontairement. Toutes ces fonctions font donc raisonnées, non par moi, qui les fais involontairement ; mais par l'Auteur de la machine : elles ont toutes une fin, que suit leur esprit moteur, indépendamment des anastomoses nerveuses ; & ces fonctions raisonnées se font aussi bien chez un stupide, chez un animal, chez un enfant nouveau né, que chez l'adulte le plus sçavant. L'éternuement est même un des premiers

ufages que le nouveau né faffe des organes de fa refpiration. Il y a donc dans l'organe de l'odorat, & en général dans tous
nos organes, une fubftance douée par fon
Auteur, d'un inftinct, agent célébre dans
l'hiftoire des animaux, dans celle des infectes fur-tout. Nous avons expliqué ailleurs, autant qu'il nous a été poffible de
le faire, en quoi peut confifter cet inftinct,
cette efpéce de raifon tout à la fois fi aveu-
gle & fi fûre dans fes procédés ; mais il
s'en faut bien que ce foit ici le lieu de le
faire.

§. XXXIV. Critique. *Tous les Ana-*
tomiftes ont vû le chyle fortant des inteftins,
& dans les premiéres veines lactées avec
une couleur blanche & laiteufe. Cette expé-
rience inconteftable eft démentie par la
Théorie de M. le Cat, qui la lui donne
feulement dans les glandes du mézentére.

R. Tous ceux qui ont regardé de plus
près que le Médecin de Coutances, ont vû
que le chyle dans les veines lactées de la
premiére claffe n'eft prefque qu'une limphe, ou au moins une émulfion très-clai-

re, & qu'il ne prend une confiftance un peu laiteufe que dans les glandes du mé-zentére.

§. XXXV. *Critique. Plufieurs femmes ont du lait & leurs régles. L'explication de ce phénoméne eft fuccinte. Ici l'Auteur a aparemment fenti l'infuffifance de fon ef-prit fougueux pour fournir à tous les deux.*

R. Voici mon texte. » Les nourri-» ces, tant qu'elles donnent beaucoup » de lait, n'ont guére leurs régles, par-» ce que la fabrique de cette liqueur » abforbe une fi grande quantité d'efprits, » qu'elle en dépouille fon organe affocié; » ou au moins, elle l'en prive affez, » pour y empêcher cet amas, ce féjour, » cette effervefcence, qui produifent la » phlogofe menftruelle ordinaire.

» Les femmes qui ont tout à la fois » & du lait & des régles, ont aparem-» ment affez de ce principe fougueux pour » fournir à tous les deux.

Je demande à mes Lecteurs, fi j'euffe fourni une explication plus complette de ce phénomène, quand j'en euffe rempli

330.

une page, & si mon laconisme clair &
intelligible méritoit l'équivoque insul-
tante de *l'esprit fougueux* du jeune Méde-
decin de Coutances ?

§. XXXVI. Personne ne doute que la
métastase des régles, comme celle des
hémorroïdes ne cause de grands désordres,
tels que des abscès, des champignons, des
skirres, des cancers, &c. C'est la raison
pour laquelle le tems où les femmes perdent leurs régles, est apellé critique, &
qu'elles y sont si sujettes à ces maux cruels.
Mon Censeur trouve tout cela fort extraordinaire. *Qui le croiroit, s'écrie-t'il ? Ces es-*
prits voluptueux, d'où couloit une source
de plaisirs, vont devenir cancéreux, & ou-
vrir un abîme de douleurs.

Hé, de quel pays vient-il donc pour
ignorer que les roses se changent quelquefois en épines, que la source des plaisirs
est le plus souvent celle des plus grands
maux, & que cette maxime n'est jamais
plus littéralement vraie que dans les révolutions de l'organe de la volupté même ?

§. XXXVII. L'Auteur me fait la grace de ne me pas croire assez crédule pour me prêter à tous les contes vulgaires sur la contagion & la virulence des régles, il trouve même mauvais que j'aie donné mon consentement à quelques-uns de ces phénomènes, sur lesquels j'ai des *expériences suivies*, telles que celles par lesquelles j'ai vû du vin moû se gâter. *Examinons cette EXPLICATION*, dit mon Critique.

L'esprit vivifiant de la fécondation prend une nouvelle ferveur dans le tems de la menstruation ; il acquiert en faveur du phénomène qu'on veut expliquer une QUALITÉ SPIRITUEUSE qu'on substitue au caractére putride qu'il avoit eu jusques-là.

R. Un *esprit* vivifiant qui acquiert une *qualité spiritueuse* est une chose plaisante, & toute du crû de M. Bonté ; car tout le monde voit qu'un esprit n'a pas besoin d'acquérir une qualité spiritueuse. Je ne substitue pas cette qualité spiritueuse au caractére putride que cet esprit avoit eu jusques-là, selon mon Critique... 1º. Je n'ai jamais apellé cet esprit putride, quoi-

que la dépravation d'une portion de ce
fluide occafionne la phlogofe , l'engorgement , d'où dérive *un certain dégré de fermentation putride* ; mais cette fermentation putride eft dans le fang & dans fes
corpufcules actifs. 2°. Les caractéres pu-
trides & fpiritueux dans les liqueurs ne
font pas contradictoires ; au contraire, ils
fe trouvent toujours réunis , mais cela ne
regarde point l'efprit féminal vivifiant ,
qui procéde, pour ainfi dire , à l'œuvre
de la génération , & dont tous ces autres
fluides font des fubalternes.

*Critique. On croiroit , en bonne Chy-
mie , que ce principe fpiritueux , allié avec
des corpufcules très-actifs & très-dévelopés* (du vin doux) *augmenteroit le mouvement de fermentation ; point du tout , il
l'arrête , & de ce mouvement fufpendu naît
cependant la fermentation putride* , &c.

R. Pour répondre à cette critique , il
fuffit de lui opofer le texte même , qui y
a donné lieu. » Il émane des fluides en-
» gorgés & féjournans dans les parties
» lubriques (du fexe) des corpufcules
» avec

» avec lesquels s'allie le fluide spiritueux,
» (dont on a parlé). Le fluide mixte,
» qui en résulte, se répand dans l'atmof-
» phére..... Est-il étonnant que, dans
» certains tempéramens, ce fluide mix-
» te soit tel, que, venant à pénétrer des
» matiéres, comme le vin doux, il affec-
» te la partie spiritueuse, active, prin-
» cipe de la fermentation de ces liqueurs ;
» qu'il jette le trouble dans leurs mouve-
» mens naturels, & qu'enfin il y produi-
» se ces révolutions tant de fois obfer-
» vées ? On sçait qu'un rien suffit pour
» troubler les opérations chimiques, qui
» dépendent de l'action d'un efprit & d'un
» dévelopement de principes. Il eſt tout
» ſimple que cet eſprit menſtruel, d'une
» nature ſi étrangére à celui des végétaux,
» & chargé de corpufcules très-actifs,
» très-dévelopés, arréte le *mouvement*,
» le *dévelopement particulier* à ces végé-
» taux, en éteigne le principe vivifiant,
» & faſſe par-là dégénérer cette fermen-
» tation vivante, ſi l'on peut dire, en
» fermentation cadavéreuse, putride, en
» corruption enfin.　　　　L

.ART. I.

Réponse
aux objec-
tions.

Atmofphé-
re des menſ-
trues nuiſi-
ble en cer-
tains cas.

§. XXXVII.

Notre principe spiritueux , allié avec des corpuscules très-actifs , n'arrête donc pas tout mouvement , comme le dit ridiculement mon Critique , mais il arrête le *mouvement* , le *dévelopement particulier* du vin doux propre à en faire du bon vin , ce qui y éteint le principe qui donneroit ce dévelopement , d'où il résulte que la fermentation de ce moû n'est plus qu'une corruption. Ce n'est que par de pareilles infidélités soutenues jusqu'au bout, que M. Bonté a pû donner quelque vraisemblance à sa Critique.

ARTICLE II.

Replique aux Réponses du Critique défenseur de l'hypothèse de la Pléthore pour cause des Menstrues.

§. I. MOnsieur Bonté n'étoit qu'agresseur dans l'article précédent ; ici il y joint le titre de défenseur du Systême de la pléthore ; il aura fort à faire. Aussi il planoit un peu dans le premier Article ;

il ne bat que d'une aîle dans celui-ci ; il
cite une partie des grands hommes qui se
font trompés avant lui ; il avance même
que l'effet des emménagogues confirme ce
Syftême ; que l'hydraulique , de concert
avec l'anatomie l'a démontré. On verra
bientôt qu'il n'eft pas un mot de tout cela ,
& pour commencer par les emménagogues ; l'aloës qui en eft un des plus puif-
fans , eft en même-tems un évacuant, il
diminue donc la pléthore , & nuiroit, à
cet égard , aux régles , fi la pléthore les
produifoit ; mais il donne des hémorroïdes aux deux Sexes ; Il a donc fenfible-
ment la propriété de porter la phlogofe
dans cette région, dans l'utérus , comme
les cantharides ont celle de la tranfmettre
à la veffie , & cette phlogofe eft , dans notre Syftême , la difpofition néceffaire aux
Menftrues.

§. II. *Les objeſtions , dit-il , qu'on a faites contre ce Syftême , (de Gallien,) viennent, 1°. De ce qu'on n'a point diftingué les
deux pléthores réelles qui éxiftent quelquefois ; l'une vraie & l'autre fauffe : la pre-*

ART. II.
Réfuta-
tion de fon
Cenfeur.

Replique
à fes répon-
fes en fa-
veur de la
pléthore.

334.

ART. 11.
Réfuta-
tion de son
Censeur.

Replique
à sa répon
se en sa-
veur de la
pléthore.

miére est une vraie surabondance ; la seconde est une surabondance aparente , qui est
l'effet de la raréfaction du sang.

R. Voilà une distinction que M. Bonté
a raportée tout récemment de l'école. La
pléthore est un état de plénitude des vaisseaux ; toutes les fois donc qu'ils sont
pleins, il y a une vraie pléthore ; que ce
soit des liqueurs condensées ou raréfiées de
sang ou de tout autre fluide , cela est égal,
quant à la pléthore ; il n'y en a donc pas
de fausse , car , s'il y en avoit , ce seroit
une pléthore , qui ne seroit pas pléthore.

20. . . . . . Elles viennent encore, ces objections , continue M. Bonté . . . . . de ce
qu'on n'a point fait assez d'attention aux
effets de la pléthore générale.

R. C'est éxactement en faisant une très-
grande attention aux effets de la pléthore
générale , que j'ai reconnu qu'elle ne pouvoit pas être la cause des menstrues , car
l'hydraulique démontre, que la répartition
de cette plénitude doit être égale dans
tous les vaisseaux , dans tous les viscéres ,
& que , si elle est telle qu'il en résulte une

éruption , ce fera par le viſcére le plus foible , & certainement ce n'eſt pas l'u-térus , quand on le compare à la rate, au foie, aux poumons, au cerveau , &c. Et je ne ſuis pas le ſeul qui ſe ſoit ſoulevé contre cette plénitude générale , comme cauſe des régles : voici comme M. de Sé-nac l'a traitée . . . . *Les . . . principes (de ce Syſtême) ſont ſans fondement . . . . & après les avoir raportés , il ajoute . . . . De tels raiſonnemens ne ſont-ils pas frivo-les , & ne peut-on pas dire par conſéquent que l'opinion de ceux qui attribuent les ré-gles à la plénitude univerſelle , n'eſt qu'une opinion chimérique* (a) ?

ART. II. Réfuta-tion de ſon Cenſeur. Réplique & ſes répou-ſes en fa-veur de la pléthore.

§. III. On n'a point encore fait aſſez d'attention , ſelon M. Bonté, *aux cauſes ſpéciales , qui déterminent, chez les femmes , une pléthore particuliére : telle eſt la confor-mation du Baſſin.*

R. Ce baſſin , plus grand dans les fem-mes, met l'enfant plus à ſon aiſe , & fa-

---

(a) *Anatomie d'Heiſter avec des Eſſais de Phyſique,* in-12, tome I. page 449, 451.

cilite fa fortie , mais qu'eſt-ce que fait cette conformation à la production des régles ?

§. IV. Critique. *La ſtruƈture de la matrice , fon tiſſu , pour ainſi dire , entiérement vaſculeux , l'apareil de fes vaiſſeaux.....*

R. La matrice dans les filles , & même dans les femmes , quelque-tems aprés l'accouchement , eſt un viſcére des plus compaƈtes de l'économie animale. Toute vaſculeuſe qu'elle eſt , ſur-tout dans la groſſeſſe , elle a ſeule plus de tiſſu , plus de ſubſtance propre que pluſieurs viſcéres enſemble , puiſqu'elle en a aſſez pour s'étendre dans l'eſpace prodigieux qu'occupent l'enfant & ſes eaux. Il n'y a donc nulle comparaiſon à faire entre le tiſſu & l'état vaſculeux de l'utérus & celui des autres viſcéres. Elle eſt donc plus propre , qu'aucun d'eux , à repouſſer , à refuſer la plénitude particuliére , dont on veut que ſa ſtruƈture lui impoſe le joug.

§. V. L'Editeur *des Eſſais de Phyſique* de M. de Senac de la derniére édition ajoute :

1°. *Que rien ne foutient les parois des vaiffeaux de l'intérieur de l'utérus.*

Mais il a cela de commun avec l'eſtomac, les inteſtins, la veſſie; & tous ces viſcéres caves, ſont-ils le ſiége des régles? Il a cela de commun avec l'intérieur des véſicules bronchiques plus frêles encore que les viſcéres précédens.

Si l'on demande à ces Meſſieurs, d'où vient que le ſang menſtruel ne ſort point par les poumons auſſi-bien que par la matrice, ils répondent....

2₀. Qu'il y a des orifices tout ouverts dans la face interne de l'utérus, & qu'il n'y en a point dans les véſicules bronchiques.

R. Ces véſicules en ont auſſi dans les crachemens de ſang; l'inflammation en fait par tout où elle s'établit à un certain dégré dans un lieu chaud, c'eſt pourquoi elle en fait aux hémorroïdes enflammées. Il n'y a point de ces orifices aux filles, qui n'ont pas eu de régles, ils ſe forment comme aux hémorroïdes qui fluent.

§. **VI.** La ſeconde différence qu'ils

mettent entre la matrice & les poumons,
c'eſt que dans ceux-ci la reſpiration fait
couler le ſang dans les vaiſſeaux.

R. Le fœtus ne reſpire pas, & le ſang
y paſſe cependant dans les poumons, ſans
y produire de ſuintement dans les veſicu-
les, ſans s'y épancher.

Si l'on dit que dans celui qui reſpire,
le ſang eſt chaſſé des poumons par l'ex-
piration, je répondrai qu'il eſt donc atti-
ré & plus à l'aiſe par l'inſpiration, & par
conſéquent plus en état de faire irruption dans cet organe. Mais dans le fait,
aucune de ces propoſitions n'eſt vraie : le
cœur ſe remplit & ſe vuide pluſieurs fois
pendant une inſpiration & une expira-
tion. Si ces deux fonctions contribuoient
à une circulation plus ou moins libre, il
y auroit des inégalités ſenſibles dans les
pulſations du cœur & des artéres, pendant les tems de ces fonctions des poumons. Il n'y en a aucune. Donc ce ſont-
là encore des rêveries de nos Phyſiologiſtes, & M. Mery avoit raiſon de pré-
tendre & de prouver que le ſang paſſe
également

également dans les poumons affaiffés &
dans ceux qui font relevés par l'air inf-
piré. (*a*) Ce que M. Hook a auffi démontré par des expériences. (*b*) La refpiration
ne met donc aucune différence entre les
poumons & l'utérus , eu égard à la faculté
de rendre du fang par les parois intérieures
de ces organes ; il eft même évident que la
ftructure des poumons les rend bien plus
propres à ce fuintement. 1°. Parce que ,
felon plufieurs Auteurs, ils ont déja des pores ouverts à l'introduction de l'air dans le
fang. . . . 2°. Parce qu'ils font d'un tiffu
infiniment plus mou. 3°. Parce que
l'expérience même démontre que la premiére inflammation y excite ce fuintement fanglant & donne des crachemens
de fang. 4°. Et enfin parce qu'on a vu
grand nombre de filles , dont les régles
étoient fuprimées , les avoir très-abon-
damment par les poumons, parce que le
principe de cet engorgement menftruel

(*a*) *Traité de la circulation du fœtus* , *prop.* 18, *p.* 129.
(*b* *Tranfact. philofophiq. n*°. 28. *p.* 539 , *ou leur*
abregé , par le Wtherp. tom. 3. *p.* 67.

M

avoit tranſmigré dans ces organes. Si donc l'utérus eſt ſon ſiége ordinaire, c'eſt qu'il eſt l'organe propre à cet eſprit voluptueux qui en fait le premier principe ; ſans ce principe, la pléthore méchanique particuliére de l'utérus, qu'on donne pour cauſe des régles, n'a elle-même aucune cauſe raiſonnable ; elle eſt même contraire à l'équilibre des liqueurs, qui fait la loi générale de l'économie animale, quand on ne la conſidére que du côté méchanique ; & quoique la méchanique, l'hydraulique, ſoient des bazes fondamentales de la Phyſique du corps humain, j'oſe dire qu'on n'en expliquera jamais aucune fonction par le ſeul méchaniſme, parce qu'il eſt perpétuellement mêlé avec un autre principe, qui n'eſt point du tout méchanique, & que celui-ci eſt le principal agent & le maître preſque par-tout.

§. VII. Une troiſiéme raiſon qu'ajoute l'Editeur des Eſſais de M. de Senac, en faveur de la pléthore particuliére de la matrice, c'eſt que les vaiſſeaux de ce viſcére ſont plus tortueux, plus repliés,

& que , par-là , ils retardent le fang , l'arrêtent , l'accumulent , &c.

R. Il n'eft pas vrai que les vaiffeaux
de la matrice foient plus labyrinthifiés
que ceux du cerveau , du foye & de plufieurs autres parties. Il n'eft pas plus vrai
que la tortuofité des vaiffeaux retarde ,
autant qu'on le penfe , la circulation ; au
moins eft-il certain que felon les loix de
l'hydraulique , les liqueurs parfaitement
fluides coulent auffi vîte dans un canal
replié que dans un tuyau tout droit ; (*a*) &
l'expérience qui peut feule décider fi le
fang fuit ces loix , ou de combien il s'en
écarte , n'a encore rien prononcé : mais
il eft très vraifemblable que la maffe de
nos liqueurs fuit de très-près la loi des
liqueurs très-fluides, parce qu'elle eft telle
dans l'état de chaleur naturelle , & parce
que l'élafticité , & les ofcillations ou
pulfations réactives de nos vaiffeaux très-
fupérieurs en cela aux canaux ordinaires
de l'hydraulique , font très-propres à y
compenfer la vifcoffité qui pourroit ren-

____

(*a*) *Michellotti de feparatione fluidorum* , p. 139.
141, &c.

M 2

dre nos liqueurs inférieures en viteſſe à celles qui ſont parfaitement fluides.

§. VIII. Une quatriéme raiſon des défenſeurs de la pléthore utérine eſt que ſes veines ſont plus petites & n'ont point de valvules.

J'ai déja rendu raiſon de ces différences dans ma Diſſertation. J'y ai dit, par raport aux calibres des veines, qu'on prend ici l'effet pour la cauſe. Les artéres de l'utérus ſont plus groſſes, parce que c'eſt là où ſe fait l'engorgement & le ſéjour du ſang. Ce ſont donc ces régles qui ſont les cauſes de cette ſtructure & non cette ſtruſture la cauſe des régles.

§. IX. Voici une cinquiéme & importante preuve des Sectateurs de la plénitude propre à la matrice. *Le diamétre de l'aorte inférieure eſt plus grand, (à proportion,) dans les femmes que dans les hommes.*

Cette propoſition n'a été oubliée ni par M. de Senac, ni par M. Bonté, ſon Copiſte, avec cette différence, que M. de Senac a l'attention de ſpécifier, comme je l'ai fait entre deux parenthèſes, que cette aorte inférieure de la femme est plus grosse *à proportion* que dans l'homme ; car il est trop sçavant pour ignorer que l'aorte inférieure de l'homme, considérée seule, est encore plus grosse que celle de la femme.

1. Quant au plus grand calibre de celle-ci comparée à celui de l'aorte supérieure, il peut être réellement tel dans quelques femmes qui ont porté plusieurs enfans, parce que la compression de ceux-ci sur les divisions de l'aorte inférieure, peut y retarder ce passage du sang, causer une distension dans ces artéres, qui ne s'efface pas toujours après l'accouchement : auquel cas ces Messieurs prendroient encore ici l'effet pour la cause. Mais dans les filles, & même dans la plûpart des femmes, je crois qu'il y a là-dessus ou une proportion pareille à celle qui se trouve dans l'homme, ou une variété semblable à celle qu'on rencontre aussi dans les différens sujets mâles. Car si c'étoit le plus grand calibre de l'aorte inférieure de la femme, qui fût la cause

des régles, ou ce plus grand calibre eſt naturel au ſexe, & il l'aporte en naiſſant; alors les régles paroîtroient auſſi-tôt la naiſſance des filles, d'autant mieux que les vaiſſeaux ſont plus foibles à cet âge; ou bien ce plus grand calibre de l'aorte inférieure ne devient tel qu'à l'âge des régles; alors qui en eſt cauſe, ſi ce n'eſt la menſtruation même, & mieux encore la groſſeſſe, comme je le diſois tout à l'heure ?

2. *L'Anatomie ne démontre pas plus clairement que l'hydraulique*, cette ſtructure, cette cauſe prétendue de la pléthore particuliére de l'utérus. Au contraire, elle détruit de fond en comble cette opinion… J'ai fait le parallèle de ces vaiſſeaux des deux ſexes.

Sur trois hommes & ſur cinq femmes.

J'ai meſuré l'aorte ſupérieure entre le cœur & la ſous-claviere droite, & l'aorte inférieure au-deſſus de la cæliaque. En voici le réſultat.

Dans un homme de 36 ans, le calibre

de l'aorte supérieure, étoit à celui de l'inférieure , . . . comme 12 est à 5.

Dans un homme de 60 ans, comme 2 est à 1.
Dans un garçon de 17 ans, comme 34 est à 13.

Dans une fille de 23 ans, comme 7 est à 3.
Dans une femme de 35 ans, comme 5 est à 2.
Dans une femme de 36 ans, comme 21 est à 10.
Dans une fille de 20 ans, comme 9 est à 4.
Dans une fille de 44 ans, comme 9 est à 4.

J'atteste l'éxactitude scrupuleuse de
toutes ces observations. Les mesures ont
été prises par pouces , lignes , points ; &
dans les calculs on n'a négligé que des
fractions de lignes ou de points pour avoir
des comptes ronds.

Or dans toutes ces observations il est
évident que l'aorte inférieure est plus
petite ou en moindre raport avec la supérieure dans la femme que dans l'hommes, contre ce qu'ont avancé mes Adver-
saires ; car dans toutes les femmes & les
filles, jeunes ou vieilles, le calibre de
l'aorte inférieure n'est pas la moitié de
celui de la supérieure ; & dans les hommes , il y en a au moins un où cette aorte
inférieure est moitié de la supérieure.

3. Cette différence entre leurs obser-

vations & les miennes ne vient-elle pas
de ce qu'ils auront injecté ces vaiſſeaux,
& que cette manœuvre eſt très-incer-
taine pour avoir le vrai calibre, vû que
l'injection eſt ſujette ou à les diſtendre,
ou à les laiſſer trop lâches ſelon la quantité de l'injection.

Ma maniére de meſurer les vaiſſeaux,
eſt, 1°. D'en couper circulairement une
rouelle. 2°. D'inciſer enſuite cette cou-
ronne pour la déveloper librement & ſans
gêne ſur un carton. Elle me donne, ainſi
déployée, la circonférence du vaiſſeau.
3°. De cette circonférence meſurée en
pouces, lignes, points, j'en tire le diamêtre dans le raport de 22 à 7… 4°. Ce
diamêtre quarré me donne le calibre. Le
reſte eſt l'a. b. c. du calcul & des pro-
portions.

4. Enfin M. de Senac, un des plus
ſçavans Phyſiologiſtes qui aient adopté le
ſyſtême de la menſtruation par la pléthore particuliére de l'utérus, fait ſi peu de
fond ſur cette ſtructure tant vantée de la
matrice, qu'il dit….

Quand

Quand on ne connoîtroit pas de structure particuliére qui fût la cause d'une telle plénitude, il faudroit assurer qu'elle arrive dans cette partie, car nulle autre cause ne peut être reconnue pour la source de cette hémorragie périodique.

Nous sommes d'accord sur les faits. La plénitude de l'utérus accompagne, sans doute, les régles & en est une des causes, comme la même plénitude du rectum est la cause de l'évacuation du sang hémorroïdal qui est aussi quelquefois périodique ; mais c'est la cause de cette plénitude périodique de l'utérus, qui est en question ; c'est cette cause qu'il faut chercher ; c'est elle que ces Messieurs cherchent encore, & que j'ai trouvée. C'est ce principe là qui est la véritable cause des régles, car la plénitude de l'utérus, *cet engorgement hémorroïdal*, si l'on peut dire, que j'y ai admis dans ma Dissertation, n'est que le moyen secondaire qu'emploie la vraie cause pour produire l'évacuation périodique. Or la plénitude universelle étant une chimére, & la struc-

N

ture du tiſſu de la matrice, ni celle de ſes vaiſſeaux, ni ſa ſituation, ne fourniſ-fant aucune explication raiſonnable de cette plénitude particuliére & périodique, il faut néceſſairement en revenir à notre ſyſtême, dont le principe eſt conſtant & commun à toutes les femmes, graſſes, maigres, froides, chaudes, & dans tous les tems & dans tous les lieux.

§. X. Nous avons laiſſé le Médecin de Coutances un peu à l'écart, pour raiſon-ner avec ſes Maîtres, & pour détruire à ſes ſources, le Syſtême qu'il a adopté. Re-venons à lui maintenant, puiſqu'il a entre-pris de répondre à mes objections contre cette hypothèſe. *Il eſt faux*, dit-il, *qu'on tranſpire moins dans l'enfance : à la moin-dre occaſion, les enfans ſont en ſueur.*

R. *La plénitude*, cauſe des régles, *vient de ce que la femme*, dit M. de Sénac, *plus foible que l'homme, tranſpire moins. Ses fibres ſont lâches, &c.* Mais l'enfant eſt encore plus foible que la femme, ſes fibres ſont encore plus lâches. Donc il tranſpire encore moins. Donc il devroit avoir des

régles. *Les enfans font en fueur à la moin-
dre occafion.* La belle preuve qu'ils tranfpirent beaucoup ! Qui ne fçait pas que la
fueur fuprime d'ordinaire la vraie tranfpiration, l'infenfible, qui eft la plus abondante. La fueur ne prouve donc que l'extrê-
me foibleffe des enfans, la moleffe de
leurs fibres, & leur peu de tranfpiration.
Leur embonpoint acheve de rendre évident ce défaut de tranfpiration; & fi vous
ajoutez à cela l'accroiffement annéxé à
cet âge, & qui doit confumer une partie des fucs, vous aurez une démonftra-
tion complette du peu de tranfpiration des
enfans, qui devient une fuite néceffaire
de la foibleffe naturelle de leurs folides;
mais qui n'eft pas moins néceffaire pour
fournir à la fois à deux grandes dépenfes,
l'embonpoint & l'accroiffement. M. Bonté a preffenti la force de cet argument. *La
nourriture,* dit-il, *fuffit à peine pour fournir à cette tranfpiration & à cet accroiffement.* Il falloit ajouter, *& à un embonpoint naturel,* & alors il auroit encore
mieux fenti qu'elle n'y fuffiroit jamais,

N 2

si la transpiration étoit aussi grande que dans l'adulte.

§. XI. J'ai dit que dans la vieillesse, la transpiration languit encore. M. Bonté enchérit sur moi, *elle y manque*, selon lui. Donc, conclurai-je, il doit y avoir pléthore & de là les régles. Il répond ; *mais les autres évacuations sensibles augmentent.* Je réplique.... La transpiration insensible l'emporte sur toutes les évacuations sensibles, selon Sanctorius. Il y a même grand nombre de femmes de 50 & tant d'années, fort grasses, fort replettes ; donc, si la pléthore suffisoit pour produire les régles, les vieilles femmes les auroient encore plutôt que les jeunes.

§. XII. *La jeunesse est l'âge où la nature fait plus de dépense pour l'accroissement.* C'est mon texte & celui de mon critique. J'y ajoute dans le même endroit, *cet accroissement est plus considérable dans le tems où les mois commencent à paroître.* Donc il y a moins de pléthore que jamais. Donc ce n'est pas à cette pléthore que ces régles sont dues. Que répond à cela

M. Bonté ? *C'eſt l'âge*, dit-il, *de la ſurabondance des ſucs nourriciers. Elle eſt
même ſi grande, qu'au moment où les régles vont paroître l'accroiſſement eſt*; pour
ainſi dire, *ſubit*.

R. Le Critique convient de tous mes
faits. Il enchérit même ſur mes expreſ-
ſions; mais le plaiſant eſt qu'il en con-
clut ce qui eſt en queſtion, la ſurabondance, la pléthore. Voilà bien le *petitio
principii* de l'école. Qu'il commence donc
par prouver cette ſurabondance, & qu'enſuite il prouve auſſi qu'elle eſt capable
de fournir, & à cet accroiſſement ſubit
& à la grande tranſpiration d'une jeune
perſonne qui entre dans l'âge de vigueur,
& à une pléthore nouvelle univerſelle
qui devient la cauſe de l'évacuation périodique ; c'eſt ce que je le défie de faire.

§. XIII. *Critique*. Cet accroiſſement
*eſt la raiſon pourquoi les régles ſont en ſi pe-
tite quantité dans leurs premiers périodes*.

R. Si cette raiſon en étoit une, les régles
ſeroient foibles juſqu'à 20 & tant d'années ; car les filles, qui commencent à

se déveloper avec leurs régles, croissent beaucoup jusqu'à cet âge; mais la vraie raison de cette foiblesse des régles & du grand dévelopement de l'accroissement, c'est le dévelopement même du principe de la volupté, principe actif, qui ne peut pas être d'abord dans sa perfection, mais qui accélére davantage les fonctions des nerfs, qui sont déja en vigueur dans les jeunes personnes, & l'accroissement est une de ces fonctions.

§. XIV. J'avois dit... *L'état d'adulte est à son tour celui où la transpiration est plus vigoureuse & plus abondante*...Donc il y a *moins de pléthore*. M. Bonté ne fait que répéter ma premiére phrase, à laquelle il ajoute... *Mais la surabondance est alors à son comble*. Toujours de la *surabondance* pour remplir le creux du systéme adopté par M. Bonté, mais surabondance dont la preuve reste aussi toujours en arriére, parce qu'en effet il lui est impossible d'en donner.

§. XV. J'ai dit que les tempéramens froids, humides, cacochymes, ceux qui

Ah ! vous y voilà donc , mon cher Critique ; oui, vous voilà forcé de vous rendre à mon Syſtême , à ce Syſtême que vous
avez

vivent dans les pays froids , tranfpirent moins & devroient avoir des régles plus abondantes ; au contraire ils ne les ont que fort tard , rarement & en petite quantité.

M. Bonté convient que ces femmes doivent être pléthoriques ; mais il allégue que chez elles l'impulfion du fang eft foible , & que les vaiffeaux de la matrice réfiftent beaucoup.

Pourquoi l'impulfion du fang eft-elle foible ? C'eft , fans doute , parce que le cœur eft foible , que les fibres , les vaiffeaux font foibles ; or fi tout cela eft foible , comment les vaiffeaux de la matrice réfifteront-ils beaucoup ? Comment ne feront-ils pas auffi foibles que les autres ?

§. XVI. Voici mon texte. » Les tem-
» péramens chauds , vifs , lafcifs , ceux
» qui vivent dans les régions chaudes ,
» tranfpirent plus que les autres , & de-
» vroient avoir moins de régles ; ce font
» juftement ceux qui les ont exceffive-
» ment & beaucoup plutôt.

A cela M. Bonté répond que dans les

climats chauds *la pléthore fauſſe ſuplée à la véritable.* On a déja vû que rien n'eſt ſi faux que cette fauſſe pléthore ; nos femmes l'auroient tous les Etés ; elles leur feroient une ſurcharge & une ſurabondance de régles ; mais quand les liqueurs ſont plus raréfiées, les ſolides le ſont auſſi, les vaiſſeaux ſont plus amples, & tout ſe paſſe comme dans l'hiver.

Quant aux tempéramens chauds, vifs, laſcifs, M. Bonté dit qu'*ils ont un ſang fort actif, & dont le mouvement eſt très-précipité.*

. Eh, qu'eſt-ce que cela fait aux menſtrues ? Le mouvement ſera *précipité* ; c'eſt-à-dire, vîte, dans tous les viſcéres également, la circulation en ſera plus prompte ; mais de là point de cauſe nouvelle de régles.

§. XVII. Il ajoute.... *Les organes de la génération ſont diſpoſés, par leur ſenſibilité, à y déterminer facilement la pléthore.*

Une *ſenſibité* dans les organes de la génération *qui y détermine la pléthore !* Quel aveu de la part de mon Critique !

N'eſt-ce point là évidemment un hom-
mage qu'il eſt forcé de rendre à mon
ſyſtême, à ce ſyſtême qu'il a tant
affecté de mépriſer ? Car qu'eſt-ce que
cette *ſenſibilité* ? Eh ! tranchez le mot,
mon cher Confrere ; point de mauvaiſe
honte : vous n'êtes plus mon adverſaire.
C'eſt l'amour du plaiſir ; c'eſt de la volupté
que cette ſenſibilité là ; & une volupté qui
détermine la pléthore dans cet organe, ne le peut faire qu'en y produiſant une
phlogoſe ; elle y eſt ſenſible, cette phló-
goſe, auſſi bien que la volupté, dans toutes ces occaſions délicieuſes, où cette ſenſibilité eſt excitée : vous la reconnoiſſez
donc cette phlogoſe voluptueuſe que vous
avez combattue ; votre cœur l'avoue &
vous trahit, lorſque votre eſprit veut la
faire paſſer pour chimérique.

§. XVIII. *Mon texte*. La ſaignée, les
purgatifs, les diurétiques, les diaphorétiques, les éxercices ôtent la pléthore & devroient ſuprimer les régles. Cependant
tout le contraire arrive.

M. Bonté ſe retranche ſur la ſaignée &

O 2

les purgatifs, & s'avoue par conséquent bat-
tu fur tout le refte. *Les faignées, les purgatifs, dit-il, DIMINUENT PRESQUE TOU-
JOURS, quoiqu'on en dife, les régles.*

A ce ... *quoiqu'on en dife*, il devroit
ajouter, *quoiqu'on en faſſe*, car tous les jours
les Médecins faignent pour rapeller les régles, & les rendre plus réguliéres, plus
abondantes; & malheureufement pour la
caufe de M. Bonté cette évacuation réuf-
fit. Auffi le correctif, *prefque toujours*, eſt
une preuve que notre adverfaire n'eſt pas
ferme fur fes étriers. Une chofe qui le
prouve encore, c'eſt qu'il a recours à ce
que la *faignée ne diminue pas pour bien du
tems la pléthore*, & ce qui m'étonne, c'eſt
qu'il cite l'autorité d'un chirurgien Médecin. Mais il convient donc qu'elle la diminue au moins pour un tems, cette pléthore, & que par conféquent pendant ce
tems-là, elle doit s'opofer à l'accès des
régles; & cependant c'eſt tout le contraire,
elles viennent, ces régles, fouvent immé-
diatement après la faignée. Donc la pléthore n'en eſt pas la caufe.

§. XIX. *Mon texte* 1. Le froid, la peur, la tristesse, &c. arrêtent la transpiration, augmentent la pléthore, & devroient provoquer des régles copieuses, & au contraire toutes ces choses les supriment.

Quand cela seroit, répond M. Bonté, *les régles n'en deviendroient pas plus copieuses.* C'est ce que mon Critique devoit prouver ; car dès que la pléthore est la cause des régles, celles-ci seront nécessairement plus abondantes, dès que la pléthore sera plus grande ; & elle est rendue telle par la transpiration arrêtée.

2. Le Médecin de Coutances ajoute : *Nous avons ailleurs expliqué, comment ces accidens* (du froid, de la peur, &c.) *pourroient retarder & suspendre les effets de la pléthore.*

Voici cet endroit qu'on désigne par le mot *ailleurs.*

3. *Si ces accidens supriment les régles, c'est en suspendant les effets de cette même pléthore, soit en diminuant le mouvement du sang, soit en viciant sa qualité, soit enfin*

en reſſerrant les vaiſſeaux deſtinés à l'évacuation périodique.

4. *R.* La pléthore , loin de diminuer le mouvement du ſang , l'augmente , parce que les vaiſſeaux plus pleins , fourniſſent plus de ſang au cœur qui en pouſſe davantage , & donne aux artéres des oſcillations plus fortes; c'eſt une des raiſons pour leſquelles après un grand repas on a le pouls très-haut. Il eſt , j'en conviens , des pléthores accablantes , mais mon Critique ne les reconnoît pas , & il auroit enſuite à prouver que celle que cauſent le froid , la peur , la triſteſſe eſt de cette ſorte. Il eſt très-vrai que le froid , la peur., la triſteſſe , &c. reſſerrent les pores de la peau, ſes capillaires & la rendent pâle ; mais en revanche les vaiſſeaux intérieurs ſont plus pleins , & ſi cette plénitude ſuffit pour exciter les régles , elles doivent couler alors.

5. Critique. *Soit en viciant le ſang.*

R. Ceci eſt ſi vague , ſi deſtitué de preuves , ſi chimérique , qu'il ne mérite pas de réponſe.

6. Critique. *Soit enfin en reſſerrant les*

vaiſſeaux deſtinés à l'évacuation périodique.

R. Je conviens qu'il y a un moment dans les grands froids & dans les peurs exceſſives, où le ſpaſme des nerfs, des ſolides, peut fermer ces iſſues, mais cet inſtant paſſé, tout eſt r'ouvert & dans un état de pléthore, comme celui qu'on vient d'établir ; ainſi ces régles n'en couleroient que plus abondamment, ſi elles n'avoient que cette cauſe méchanique, & ſi les ſenſations de froid, de peur, de triſteſſe, n'éteignoient pas, dans cet organe, le principe de la volupté, cauſe véritable de ces régles, feu ſacré bien plus difficile à rallumer, qu'un équilibre hydraulique à rétablir.

§. XX. Mon texte.... » La joie, les » plaiſirs augmentent la tranſpiration, » diminuent par conſéquent la pléthore » & devroient ſuprimer ou diminuer les » régles ; au contraire, ils les rétabliſ- » ſent & les rendent plus abondantes.

Réponſe de mon Critique.... Ils peuvent diminuer quelque choſe de la vraie pléthore ; mais la raréfaction des humeurs, dans ces circonstances , établit alors une fausse *pléthore* qui tient lieu de l'autre.

Replique. Eh ! M. Bonté nous payerat'il toujours de cette *fausse monnoie* ? La joie anime , donne du mouvement , mais ce mouvement est universel , & c'est là ce qui fait transpirer , c'est ce qui enléve la pléthore , & suprimeroit les régles , si elles étoient dues à cette plénitude.

§. XXI. Critique. *L'impulsion du sang vers la matrice est augmentée.*

R. Pas plus que vers tout autre organe ; & moins qu'à l'ordinaire , parce que la grande transpiration vuide les vaisseaux.

§. XXII. Critique. *Les plaisirs amoureux sont ceux qui l'y déterminent davantage.*

R. Eh ! comment cela : si ce n'est par cet esprit de la volupté qui y réside ; si ce n'est par cette *phlogose voluptueuse* qu'il y excite alors. Mon critique nous rend donc encore ici les armes comme malgré lui. Le voilà forcé de convenir que mon systême est la seule clef de tous ces phénomènes.

§. XXIII.

§. XXIII. Mon texte. « Les femmes
» maigres ne sont telles, que parce qu'elles
» dissipent excessivement ; elles sont bien
» éloignées de la pléthore, elles ne de-
» vroient donc pas avoir de régles, & ce sont
» ordinairement celles qui en ont le plus.

Elles sont, au contraire, très-pléthori-
ques, répond M. Bonté ; *chez elles, la*
surabondance des humeurs qui, dans les
femmes d'embonpoint occupe l'habitude du
corps, remplit les vaisseaux sanguins qu'elles
ont très-sensibles & très-dilatés.

Voilà ce que disent Freind & ses Par-
tisans ; mais il n'y a pas un mot de vrai.
Qui dit embonpoint, dit pléthore ; qui
dit maigre, dit vuide de sucs, de liqueurs.
Pourquoi mon ami N... pése - t'il 250
livres, & que je n'en pése que 120 ? c'est
qu'il a beaucoup plus de liqueurs, de sucs
que moi ; car pour la charpente, les os, les
fibres, les tuyaux, tout cela est à peu près
le même dans tous les individus. Mais,
dans mon ami, ces tuyaux sont remplis,
distendus jusques dans les capillaires des
capillaires, & chez moi, les seuls gros

P

vaiſſeaux paroiſſent pleins ; mais ces gros vaiſſeaux ſont la plus petite partie du vaſe général des liqueurs ; les ſeules premiéres ſubdiviſions de l'aorte , qu'on peut meſurer , forment une capacité mille fois plus grande que cette aorte : Que ſera-ce des diviſions trop fines pour être meſurées ? Que ſera - ce des capillaires ? Que ſera-ce des capillaires de capillaires ? Et c'eſt - là où ſe porte l'embonpoint , la pléthore , & c'eſt-là où ſe paſſent les ſécretions , les évacuations économiques , périodiques ; donc l'embonpoint porte la pléthore préciſément dans les organes des menſtrues. Donc elles devroient être plus abondantes dans les femmes graſſes , ſi la pléthore étoit la cauſe de cette évacuation. Le contraire arrive. Donc la pléthore n'eſt pas cette cauſe cherchée.

§. XXIV. *Mon texte.* » Il y a un grand » nombre de femmes , dont les ſolides » ſont bien plus vigoureux que ceux de » certains hommes ; ces femmes ne de-» vroient donc pas avoir de régles ; & » communément ce ſont les plus vigou-

» reuſes qui en ont de plus abondantes ;
» les femmes foibles, languiſſantes n'en
» ont preſque point.

Réponſe du critique. Les femmes vigoureuſes tiennent cette vigueur de la
ſurabondance des humeurs.

Replique. Où M. Bonté a-t'il puiſé de
pareils principes ? N'eſt-il pas univerſel-
lement reconnu que la *ſurabondance* des
humeurs ſurcharge les ſolides, les éner-
ve, anéantit la force, les principes de la
vie & produit enfin une pléthore accablante ? J'ai cité précédemment le pouls
élevé d'un homme qui ſort d'un grand
repas ; mais de quoi eſt capable cet homme chargé d'alimens & de liqueurs ? Qu'il
pouſſe un peu plus loin cette plénitude ,
il ne peut plus ſe ſoutenir. N'eſt-il pas
évident que la vigueur eſt un état d'équilibre entre les ſolides & les fluides , un
état où les eſprits, la vie & la puiſſance
qui en réſulte , dominent & réglent
tous les mouvemens de la machine ; or
une circulation & une tranſpiration vigoureuſe entretiennent cet équilibre , &

ne laiſſent produire nulle part cette *sura-*
bondance nuiſible & accablante.

§. XXV. *Mon texte.* » Si c'étoit le
» poids du ſang ſur les vaiſſeaux de la
» matrice, qui déterminât ce flux (menſ-
» truel,) par cet endroit, ces femmes
» qui ſont long-tems ou toujours couchées,
» n'auroient jamais de régles.

Les femmes qui ſont long-tems couchées,
répond M. Bonté, par le défaut d'exercice,
toutes choſes d'ailleurs égales du côté de
la nourriture & des évacuations ſenſibles
de différentes eſpéces, accumulent plus d'hu-
meurs.

R. 1°. M. Bonté ne peut fournir aucune preuve de ce qu'il avance ici. Au
contraire, le lit, le ſommeil, la chaleur des draps, ſont des moyens qui facilitent une très-grande tranſpiration, &
communément les convaleſcens ne repren-
nent de l'embonpoint que quand ils quit-
tent le lit & prennent l'air. 2°. Mais,
quand j'accorderois que la ſituation couchée
accumule les humeurs, toujours eſt-il vrai
qu'elle décharge la matrice de leur poids;

que ce ne sera plus ce poids qui produi-ra les régles, comme le veut M. Freind ; & qu'alors ce sera plutôt le poumon, le cerveau & tout autre viscére, qui sera chargé de cette évacuation, si la transpi-ration ne s'en charge pas.

§. XXVI. *Suite de mon même texte.* » Les chiennes en qui l'on ne trouve pas » cette situation, (la verticale, propre » à surcharger la matrice,) ne les au-» roient pas non plus (ces régles) en » certains tems, comme elles les ont.

Les chiennes, répond M. Bonté, *ne diffipent pas* tout-à-fait autant qu'elles peuvent prendre de nourriture.

R. Eh, quel est le Sanctorius, qui a apris encore ce fait-là à mon critique? Il le supofe, sans doute, comme il a supofé à son gré & selon ses besoins, des *sura-bondances* dans les enfans, dans les ado-lescens, dans les adultes. Mais il supofe par tout là le faux & ici en particulier. Car si les chiennes, même les plus mai-gres, les chasseuses, étoient pléthoriques, & par-là seul sujettes aux régles, il s'enfuivroit; 1°. Que la fituation n'y feroit rien, ce que je prétends être vrai. 2°. Que la pléthore opérant la menftruation, & les chiennes étant conftamment pléthoriques, felon M. Bonté, elles feroient réglées tous les mois comme les femmes. Or cela eft très-faux. Elles ne le font que quand elles font en amour : donc c'eft l'amour qui eft la caufe de ces régles, comme de toutes les autres.

§. XXVII. *Mon texte.* » Quelle er- » reur encore de croire que l'utérus foit » le plus fpongieux & le plus mou des » vifcéres ! C'eft au contraire un des plus » fermes & des plus compactes.

M. Bonté me l'accorde pour la matrice des jeunes filles, qui n'ont jamais été ré- glées; *mais ce feroit errer groffiérement, felon lui, & pécher contre les connoiffances anato- miques les plus fimples, que de regarder ainfi la matrice dans les filles qui ont été réglées.*

R. 1°. L'aveu de M. Bonté me fuffit. *Les jeunes filles qui n'ont jamais été réglées, ont la matrice d'un tiffu compacte & très- ferme.* Donc elles ne feront jamais réglées;

puisque, pour l'être, il faut que la matrice soit *le plus spongieux & le plus mou des viscères.*

2°. Non-seulement la matrice des filles, qui ont été réglées, mais même celle des femmes, qui ont eu des enfans, sont, peu de tems après l'accouchement même, d'un tissu compacte & très - ferme, c'est ce que je puis affirmer d'après l'inspection de cent cadavres ; c'est donc *errer très-grossiérement & pécher contre les connoissances anatomiques les plus simples,* que d'avancer le contraire.

Tout le reste de cet article de M. bonté n'est qu'une copie ou un commentaire du mien, dont on voit qu'intérieurement il adopte encore les principes.

§. XXVIII. *Mon texte.* » Comment » s'imaginer encore que ce soit le défaut » d'écoulement de quelques cuillerées » de sang, qui donne tous les symptômes » de la supression des mois ?

M. Bonté me chicane d'abord sur cette quantité des régles, de *quelques cuillerées de sang ;* & me cite Hypocrate qui la fait

monter à neuf ou dix onces, & quelques
Médecins qui la portent a une livre & de-
mi. J'avoue que je n'ai jamais mesuré ,
ni pesé ces drogues là , je m'en raporte à
Gorter, célébre Médecin & Professeur Hol-
landois, qui les évalue à six onces. C'est,
à peu près autant de cuillerées , & quelques cuillerées de plus ou de moins ne
méritent pas cette expression ... *Il est faux
que* .... mais quelle que soit la quantité de cette évacuation, d'où vient sa supression cause-t'elle tant de désordres? C'est
une question dont M. Bonté & ses Maîtres plus habiles que lui , sans doute, ne
se tireront jamais avec leur Systême de la
pléthore. *Cette évacuation est critique*, répond le Médecin de Coutances , & *la
Médecine-Pratique nous aprend que la supression d'une crise , quelque légere qu'elle
soit, a des suites fâcheuses.* La belle solu-
tion, que la citation d'un fait tout pareil
qui n'est pas plus expliqué ! Tout ce que
dit ensuite M. Bonté de ces crises supri-
mées , n'est encore que le commentaire
de mon texte , & autant de preuves qu'il

en

en est convaincu intérieurement, & qu'il se bat en retraite & fort mal contre l'évidence.

Mais voici pourtant qu'il tâche de se relever en faveur de la pléthore.

§. XXIX. Il est fort aisé de concevoir, dit-il, comment la pléthore peut occasionner tous les accidens qu'on lui attribue, soit par le défaut d'équilibre entre les liquides & les forces motrices, soit par les engorgemens qui succédent à la surabondance; la qualité des humeurs se trouve bien-tôt changée & altérée par sa quantité.

R. 10. Je conviens des inconvéniens de la pléthore, mais rien n'est plus aisé que d'y remédier. Une saignée ou tout autre évacuant, la diette même seule en fait l'affaire, & M. de Sénac avoue que les saignées les plus grandes mêmes, ne supléent pas aux régles. Aussi aucuns des accidens de la pléthore ne ressemblent-ils à ceux de la supression des régles, ou des hémorragies critiques ou des dartres rentrées.

Q

2°. Songez donc que dans le Syſtême de la menſtruation par pléthore , la ſupreſſion des régles eſt une ſupreſſion de cette pléthore de l'utérus , ou une tranſmigration de quelques onces de ſang de la matrice dans le reſte de l'économie animale ; or quand vous la ſupoſeriez de quelques livres , quelle miſére que cette petite quantité répartie dans cent livres & plus de la maſſe de liqueurs que contiennent la plûpart des femmes ! Elles ne ſont pas incommodées de ſix livres d'alimens, de boiſſons , dont elles augmentent cette maſſe en un ſeul repas ; comment le ſeroient-elles de la ſixiéme , de la douziéme partie ? Il y a donc autre choſe qu'une métaſtaſe de liqueurs , de pléthore dans cette ſupreſſion , comme dans celle des dartres , des éruptions , & cette autre choſe là ne ſe trouve que dans mon Syſtême.

Enfin me voilà au bout de la lecture de la Critique du Médecin de Coutances & de ma Réponſe ; & je ne me conſole du tems que j'y ai employé , que parce que mon Systême en est plus complet, mieux prouvé, & celui de la pléthore totalemen renversé, à ce que j'espére.

TABLE
DES MATIÉRES

A.

porter une phlogose dans l'utérus comme les cantarides la portent à la vessie. ibid.

Esprits : leurs modifications diverses sont le principe des passions. 13 , 47 , 48. leur dépravation produit des inflammations des engorgemens, &c. 14. Esprit séminal : préparé par les houpes nerveuses de l'utérus. 23 , sa dépravation dépend de la phlogose périodique de cet organe. ibid. cet esprit transporté dans d'autres parties internes produit différentes maladies. ibid. égaré dans les parties extérieures , donne des menstrues singuliéres. 24. de la perte de cet esprit ou de son emploi à d'autres opérations résulte la supression qui alors est sans accidens. 35. en quoi consiste la dépravation des Esprits qui fait la phlogose menstruelle. 51. les Esprits ne sont pas une liqueur homogéne , comme le veut mon Censeur. 49. 51.

F.

Fécondité : n'est pas proportionnelle à la lubricité. 57.

Fémelles en tous genres , ont leurs régles à leur maniére. 55.

Ferment : je n'en supose point dans l'utérus. 41. en quoi mon Systême différe de l'opinion de ceux qui ont admis ce Ferment. 42.

Fermentation putride : principe préparatoire de toutes les opérations de la génération. 11 , 12 , 43 , 44. cette Fermentation n'est pas dans les esprits ; mais dans le sang & dans ses corpuscules actifs, 80.

N.

O.

OBjections *contre mon Systême : réfutées.*
37. *& suiv.*
Œuf *couvé : d'où vient son mauvais goût.* 11.
Œufs *des femmes ; sont des mammelons nerveux faits en véficules.* 20.
Organes *des deux sexes : leur différence seule
éxempte le mâle de l'évacuation périodique
à laquelle l'autre sexe est soumis.* 53.

P.

PAffions : *leur principe matériel réside dans
les modifications des efprits.* 13. *sont une
dépravation du caractére légitime des efprits.*
14. *paffions modérées font beaucoup de bien.*
12. *paffions exceffives sont la source d'une
infinité de maux.* ibid. *effets funeftes des
paffions violentes.* 12, 13 *& suiv. quelles
font les paffions qui supriment les régles,
& comment.* 21. *quelles font celles qui fa-
vorifent cette évacuation* 22.
Pertes *rouges & blanches : comment pro-
cédent du dérangement des régles.* 31.
Phlogofe *voluptueufe : caufe de l'évacuation
périodique des femmes.* 12, 83. *vient du
dévelopement d'un efprit propre aux organes de la volupté.* 17. *a pour caufe prochai-
ne l'atonie des vaiffeaux de l'utérus.* ibid.
ne peut être permanente, pourquoi. 16. *eft
commune aux deux fexes.* 53. *pourquoi elle*

R.

S.

ses. 23, 26 viennent d'une sympathie par
les nerfs entre la matrice & l'estomac.
71, 72.

Utérus : est un viscére des plus fermes & des
plus compactes. 8, 86, 116, 117. pourquoi ses veines sont sans valvules & plus
petites que ses artéres. 8, 9, 92. la face
interne de ce viscere n'a point d'orifices
ouverts dans les filles qui n'ont point eu
de régles. 87. comment se forment ces orifices. ibid. pourquoi il est le siege ordinaire
des régles, plutôt que le poumon, &c. 90.
ses vaisseaux ne sont pas plus tortueux
que ceux du cerveau, &c. 91.

FIN.

www.ingramcontent.com/pod-product-compliance
Lightning Source LLC
LaVergne TN
LVHW012329170726
843503LV00002B/784